中国社会科学院创新工程学术出版资助项目

亚太多边合作框架下的中美关系

魏红霞◎著

中国社会科学出版社

图书在版编目（CIP）数据

亚太多边合作框架下的中美关系/魏红霞著. —北京：中国社会科学出版社，2015.7

ISBN 978 - 7 - 5161 - 4219 - 6

Ⅰ.①亚…　Ⅱ.①魏…　Ⅲ.①亚太地区—国际合作—影响—中美关系—研究　Ⅳ.①D822.371.2

中国版本图书馆 CIP 数据核字（2015）第 028449 号

出 版 人	赵剑英	
策划编辑	郭沂纹	
责任编辑	郭沂纹	安　芳
责任校对	董晓月	
责任印制	李寡寡	

出　　版	中国社会科学出版社	
社　　址	北京鼓楼西大街甲 158 号	
邮　　编	100720	
网　　址	http://www.csspw.cn	
发 行 部	010 - 84083685	
门 市 部	010 - 84029450	
经　　销	新华书店及其他书店	

印刷装订	北京金瀑印刷有限责任公司
版　　次	2015 年 7 月第 1 版
印　　次	2015 年 7 月第 1 次印刷

开　　本	710×1000　1/16
印　　张	9.5
插　　页	2
字　　数	160 千字
定　　价	35.00 元

凡购买中国社会科学出版社图书，如有质量问题请与本社联系调换

电话：010 - 84083683

目　　录

绪　论

第一节　研究的缘起

当今研究国际政治经济的一个重要背景就是全球化。在全球化进程中，一方面，新的超越国家之外的行为体和跨国空间不断涌现，例如一些跨国公司的全球性政策正在挑战国家的公共政策而成为全球一致的行为标准；另一方面，通信技术引发的革命又在极大地缩小地理空间，使跨国交往的速度和幅度都在匪夷所思地迅速加大。全球化最明显的特征体现在国际经济领域。随着信息技术的兴起和发展，新的经济秩序替代了传统经济秩序，国家间贸易扩大，对外投资增加，资本自由流动加速，世界经济走向一体化的力量使人类生存的这个世界似乎成为一个"没有国界的世界"。① 这个进程一方面打破了自然地理空间，将国家间的差异推向融合；另一方面，作为国家的政治行为体为了维护和投射自身的权力和影响力，"竞相加强地区化"②，催生了许多为适应全球变化而出现的区域性制度秩序。这些制度秩序，打破了传统意义上的自然地理秩序，将世界进行经济、安全和政治上的条块分割，衍生出了各种国际关系意义上的区域，促进了地区主义的发展，也使以地区为研究重心的课题越来越流行。其中关于东亚和亚太地区的研究即最具代表性的一个例子。③

自 20 世纪 80 年代以来，亚太地区的政治经济经历了重大的结构性和机制性的变化。多层次、多渠道的多边合作呈现良好的发展势头，以多边

---

① 杰里·本特利（Jerry Bentley）、赫伯特·齐格勒（Herbert Ziegle）：《新全球史》（下），魏凤莲、张颖、白玉广译，北京大学出版社 2007 年版，第 1193—1226 页。

② Kenneth P. Thomas and Mary Ann Tétreault, *Racing to Regionalize：Democracy，Capitalism，and Regional Political Economy*，Westview Press，1999.

③ 关于东亚和亚太地域的界定参见本章第二节的分析。

方式处理该地区国际问题的趋势日益加强。这些合作进程中虽然复杂因素不少，同时也出现了互利共赢的新局面。各大国通过扩大地区融合，加强了利益捆绑。这种趋势的发展使当前大国关系多了一些平台进行良性互动，也促使大国更加冷静地应对相互间的矛盾和分歧，不致使其激化，并且更好地控制热点问题的处理。

1997 年的东亚金融危机发生之后，东亚各国为了维护本国经济增长和抵御金融危机，更加重视区域合作，这促进了该地区多边合作以更快的步伐向前推进。从狭隘的东亚地缘角度看，中国作为发展速度最快、正在崛起的区域内大国，美国作为经济最发达、军事最强大的域外大国，二者的考虑、态度、政策和相互合作对本区域合作具有重大的影响。

从政治地缘的角度，美国并不认为自己是东亚域外国家，美国人强调东亚地缘的泛亚太概念，常常以亚太地域概念替代东亚地域概念，将传统意义上的东亚延伸到太平洋东岸，将美洲大陆沿太平洋的国家也都包括进来。这样的地缘定位使美国将其政治、经济和安全利益与东亚地区联结起来。面对日趋紧密的西太平洋东亚区域内合作，美国呈现出暧昧的态度。一方面，美国认识到西太平洋区域内合作的推进和深化有着内外两方面驱动力，其发展趋势不可阻挡，因此，美国支持这一地区贸易与投资自由化，维护地区和平与稳定，认同西太平洋区域合作的开放性；另一方面，美国担心东亚区域内的独立性和自主性加强将损害其赖以在该地区发挥强大影响力的双边同盟安全框架，以及其在国际组织中的规则制定权等方面的利益，最终还有可能将其排除在该地区合作之外，因此，又在某种程度上构成了东亚区域合作的阻力。当前，美国对东亚地区的政治、经济和安全事务的参与更多地是依靠其与新加坡、韩国等国家签订的双边自由贸易协定和美日、美韩、美菲等双边安全同盟，对东亚区域内多边合作的制度化进程参与较少，有时甚至游离在外。因此，面对东亚日益加强的区域内合作，美国一直在矛盾中摇摆，这对东亚区域合作造成了复杂的双重影响。东亚区域内多边合作是无法避开美国因素的。

中国毋庸置疑是东亚区域内的大国。这一地区承载着中国政治、经济、安全等全方位的利益，是中国和平崛起、走向世界的重要依托和出口。中国的发展与壮大也有利于促进东亚的和平与繁荣。随着中国这一巨型经济体的不断发展壮大，中国的利益日益向东亚区域以外的地区延伸。为了维护既有的利益和扩大国家的影响力，中国积极参与世界范围的多边合作，尤其是东亚地区的多边合作进程。然而，中国与周边国家悬而未决的历史和主权纷争及美国因素的存在使中国在参与东亚区域合作的进程中也面临很多掣肘。一方面，美国忧虑中国挑战其在该地区的霸权，不乐见中国发挥积极作用；另一方面，东亚各国对日益强大的中国充满疑惑和焦虑不安，容易对中国的新思路产生疑忌。

毋庸置疑，基于各自利益的考虑，中美两国在泛亚太区域合作进程中既有合作又存在竞争。一方面，在各个多边合作框架内，中美两国的利益交织在一起。在应对经济和金融危机，推动区域经济增长，推进贸易投资的发展，以及解决该地区热点问题，应对地区突发性事件，处理非传统安全问题，维护地区稳定等方面，中美互利合作的必要性日益凸显；另一方面，随着中国力量的增强，两国在政治和军事安全方面存在的竞争不是短时期能够解决的问题。在地区多边合作机制的建立和机制改革方面，中美也还未形成合作的局面。美国要通过其制定的国际规则，维护其国际机制规则的制定权来"领导"世界，继续维护其在太平洋地区的强大影响力；中国则为求发展而融入国际社会，将更多地参与多边合作，发挥自己的影响力。一个是当前的霸权国家，一个是新兴的大国，那么，在亚太多边合作进程中，中美各自对区域合作的态度和考虑是什么？两国各自诉求的角色和两国之间的互动将会对区域合作的发展产生什么样的影响？双方会不会突破传统现实主义的框架，走出一条新的相处模式进而推动亚太地区的多边合作？中美能否合作探索出符合亚太地区特色的合作框架，通过制度化建设融合各国的相互利益、提高合作层次，实现真正的东亚繁荣和稳定？

对上述问题进行理论研究和个案分析，无论在学术上还是在实践上都是值得下工夫的。对于这些问题的回答将有助于我们建立一个清晰的概念框架，从而更加清晰地认识中国和美国在亚太区域多边合作框架建设中的作用，认识地区多边合作框架下的中美关系模式，以及中美关系对亚太区域合作的积极影响。

第二节　国内外研究现状

本研究涉及的内容有两个方面：一是中美关系，二是多边合作。国内外关于这两个主题的研究已臻成熟，著作和文章数不胜数，但两个方面的内容基本上是相互割裂的两个领域，很少有分析将这两个方面发展历程中的交叉厘清。

（一）关于中美关系的研究

对于中美关系的发展，很多人用"跌宕起伏"、"崎岖坎坷"等词语描述。这种描述的理论基础是，两国在社会制度、意识形态和价值观念等方面存在很多分歧，这些分歧一般是两国关系中起支配作用的因素，所以两国关系从根本上来说是敌对的，不论对方做什么，总是从最坏的方面去思考对方的动机和目的，因此对两国关系从根本上持悲观态度。① 但是在强调分歧的同时，他们也认同中美之间亦存在着许多现实的和潜在的共同利益，存在很多合作可能和合作空间。

迄今，关于中美关系的研究和论述，国内外著作和文章已经不知凡几，无法一一列举。对中美关系的评估也是仁者见仁，智者见智。从内容上看，一般有四条主线：一是沿着历史发展的轨迹，梳理中美关系方方面面的发展脉络②；二是从国际政治的角度分析中美关系中的利益纠结、战

---

① 早期的研究如 David Lampton, *Same Bed*, *Different Dreams*: *Managing U. S. - China Relations*, 1989 - 2000, University of California Press, 2002, 近期的研究如王缉思、李侃如《中美战略互疑：解析与应对》，2012 年 3 月，中英文原文均发布在布鲁金斯学会的网页上（http://www.brookings.edu/research/papers/2012/03/30-us-china-lieberthal）。这些研究基本立足点都是中美之间的分歧和不信任。

② 这方面专著有很多，其中具有代表性的中国学者的研究有：陶文钊《中美关系史》（上、中、下），上海人民出版社 2004 年版（其中该书中卷为多人合著而成，陶文钊主编）；楚树龙《冷战后中美关系的走向》，中国社会科学出版社 2001 年版；熊志勇《百年中美关系》，世界知识出版社 2006 年版；王立《回眸中美关系演变的关键时刻》，世界知识出版社 2008 年版；倪世雄《结交一言重 期待千里至：当代中美关系风雨历程》，复旦大学出版社 2009 年版；孙哲《亚太战略变局与中美新型大国关系》，时事出版社 2012 年版；陶文钊、倪峰《当代中美关系研究（1979—2009）》，中国社会科学出版社 2013 年版等。美国学者的著作如 Robert S. Ross, *Negotiating Cooperation*: *the United States and China*, 1969 - 1989, Stanford University Press, 1995; Ezra F. Vogel, *Living with China*: *U. S. - China Relations in the Twenty-First Century*, W. W. Norton & Company, 1997; David Lampton, *Same Bed*, *Different Dreams*: *Managing U. S . - China Relations*, 1989 - 2000, University of California Press, 2002; June Teufel Dreyer and Christopher Marsh, *U. S. - China Relations in the Twenty-First Century*: *Policies*, *Prospects*, *and Possibilities*, Lexington Books, 2003; Robert L. Suettinger, *Beyond Tiananmen*: *The Politics of U. S. - China Relations 1989 - 2000*, Brookings Institution Press, 2003; William C. Kirby, Robert S. Ross, Li Gong and Robert Accinelli, *Normalization of U. S. - China Relations*: *An International History*, Harvard University Asia Center, 2007; S. Mahmud Ali, *U. S. - China Relations in the "Asia-Pacific" Century*, Palgrave Macmillan, 2008; Nicholas Platt, *CHINA BOYS*: *How U. S. Relations with the PRC Began and Grew*, VELLUM, 2010; Warren I. Cohen, *America's Response to China*: *A History of Sino-American Relations*, Columbia University Press; Fifth Edition, 2010; David Shambaugh, *Tangled Titans*: *The United States and China*, Rowman & Littlefield Publishers, 2012; Robert G. Sutter, *U. S. - Chinese Relations*: *Perilous Past*, *Pragmatic Present*, Rowman & Littlefield Publishers, 2010, 2nd Edition edition, 2013 等。也有一些中美学者共同探讨的研究成果，例如中美学者合著的《1955—1971 年的中美关系——缓和之前：冷战冲突与克制的再探讨》（姜长斌、罗伯特·罗斯主编），世界知识出版社 1998 年版。发表在学术刊物和期刊、报纸上的关于中美关系的论述文章更是不计其数，这不是本研究的重点，故在文献综述中也不再一一列出。

略竞争与合作和危机管理等①；三是从国际经济贸易的角度分析中美经贸关系的矛盾和补益②；四是从文化认知的角度分析两国社会文化的异同及其对双边关系的影响。③ 另外还有一些论述中美关系中具体问题的著述，如台湾问题、香港澳门问题，及最近的网络安全问题等。④ 在这些卷帙浩

---

① 军事关系也被列为这一内容。代表性的研究如杨洁勉主编《后冷战时期的中美关系：危机管理的理论和实践》，上海人民出版社 2004 年版；杨运忠、冯金平《21 世纪美国安全战略与中美关系》，黄河出版社 2004 年版；丁松泉《中国崛起与中美关系》，中国社会科学出版社 2005 年版；傅梦孜主编《中美战略关系新论》，时事出版社 2005 年版；杨洁勉等《大磨合：中美相互战略和政策》，天津人民出版社 2007 年版；马耀邦《中美关系：透视大国隐形战争》，当代中国出版社 2008 年版；杨洁勉等《国际危机泛化与中美共同应对》，时事出版社 2010 年版；宫力《如何与美国共处：冷战后中国对美方针与中美关系》，九州出版社 2010 年版；师小芹《海权与中美关系》，军事科学出版社 2012 年版。美国出版的著作如 Rosemary Foot, *The Practice of Power：US Relations with China since 1949*, Oxford University Press, USA, 1997；Robert S. Ross, *After the Cold War：Domestic Factors and U. S. – China Relations*, M E Sharpe Inc, 1998；Kevin L. Pollpeter, *U. S. – China Security Management：Assessing the Military-to-Military Relationship*, Rand Publishing, 2004；Steve Chan, *China, the US and the Power-Transition Theory：A Critique*, Routledge, 2007；Suisheng Zhao, *China-US Relations Transformed：Perspectives and Strategic Interactions* (Routledge Contemporary China Series), Routledge Contemporary China Series, 2008；William S. Cohen, Maurice R. Greenberg, *Smart Power in United States-China Relations*, CSIS, 2009；Rosemary Foot and Andrew Walter, *China, The United States, and Global Order*, Cambridge University Press, 2010；Donald Gross, *The China Fallacy：How the U. S. Can Benefit from China's Rise and Avoid Another Cold War*, Bloomsbury, 2012；Wendy Dobson, *Partners and Rivals：The Uneasy Future of China's Relationship with the U. S.*, University of Toronto Press, Scholarly Publishing Division, 2013, Nina Hachigian, *Debating China：The U. S. -China Relationship in Ten Conversations*, Oxford University Press, USA, Jan., 2014。

② 与政治安全方面的研究相比，学术界对中美经贸关系的研究相对薄弱，近年来出版的主要著作有郭益耀、郑伟民编《经济全球化与中美经贸关系》，社会科学文献出版社 2001 年版；王勇《中美经贸关系》，中国市场出版社 2007 年版；庄宗明《中美经贸关系及其影响研究》，人民出版社 2007 年版；孙哲编《全球金融危机与中美关系变革》，时事出版社 2010 年版；余万里《美国贸易决策机制与中美关系》，时事出版社 2013 年版；Kendall Johnson, *Narratives of Free Trade：The Commercial Cultures of Early US-China Relations*, Hong Kong University Press, 2012；Donald Gross, *The China Fallacy：How the U. S. Can Benefit from China's Rise and Avoid Another Cold War*, Bloomsbury, The First edition, 2012；Markus Karmann, *Trade frictions between China and the US：Current Developments and Reasons for Trade Frictions between the US and China*, GRIN Verlag, 2012；Stephen Roach, *Unbalanced：The Codependency of America and China*, Yale University Press, 2014；James Steinberg and Michael E. O'Hanlon, *Strategic Reassurance and Resolve：U. S. – China Relations in the Twenty-First Century*, Princeton University Press, 2014。

③ 乔木：《鹰眼看龙：美国媒体的中国报道与中美关系》，中共中央党校出版社 2006 年版；姜安：《意识形态与外交博弈——兼论中美关系的政治文化逻辑》，中共中央党校出版社 2007 年版；梁碧莹：《近代中美文化交流研究》，中山大学出版社 2009 年版；David Shambaugh, *Beautiful Imperialist：China Perceives America*, 1972 – 1990, Princeton University Press, 1991；Carola McGiffert, *China in the American Political Imagination*, CSIS Press, 2003 等。

④ 最新出版的著作如 Richard C. Bush, *Uncharted Strait：The Future of China-Taiwan Relations*, Brookings Institution Press；1 edition, 2013；U. S. – China Economic and Security Review Commission, *U. S. – China Cybersecurity Issues*, CreateSpace Independent Publishing Platform 等。

繁的著作论述中，中国学者多数将美国的形象描述为"单边的"、"霸权的"、"逐利的"和"傲慢无理的"。美国对华政策就像不良巫师的魔棒，伴随着"同盟"、"遏制"、"接触"、"平衡"、"利益攸关"等各种"咒语"，主导着亚太地区的国际风云变幻和中美关系。多数学者认为，由于担心中国的强大会打破美国的全球霸权地位，美国试图遏制中国的崛起。在美国学者的分析中，中国的崛起是美国制定和调整对华政策的主要前提，是美国面临的挑战与威胁，这种忧虑导致多数学者无法走出冷战思维的窠臼，于是，他们一方面承认中美两国相互依赖性不断增强，另一方面又在夸大中国对美国的威胁，为美国决策层提供各种相互矛盾的政策建议。

这些研究基本上都是从中美双边关系的范畴总结、分析和预测两个大国之间的起伏不定的关系。2008 年以来，全球性经济问题表明，无论是要抓住全球化带来的机遇，还是要避免随之而来的风险，国际社会都必须通过更加深入的合作找到出路，每个国家都与国际社会形成紧密的相互依存关系，很多政策需要通过国际多边体制作出反应。因此，有研究者提出，"讨论中美关系实际上远远超出了这两个国家的双边关系"①，"中美关系涉及的是全世界的一种关系，中美关系离不开多边的问题"②。也就是说，在 21 世纪，中美关系发展的国际背景趋向复杂，我们需要整理过去三十多年中美关系面临的复杂因素，以新的思维视角来看待中美关系。

（二）关于多边合作的研究

第二次世界大战以后，欧洲探索并实践了政治经济多边合作的一体化道路，随之为世界其他地区所效仿。亚太地区也出现了各种各样的多边合作框架。20 世纪 80 年代以来，以中国为中心的周边大陆和海洋地区的政治经济经历了重大的结构性变化，地区主义趋势日益加强，区域内多边合作表现出强劲的发展势头，虽然美国的双边同盟体系依然主导这一地区的安全结构，但是，以多边方式处理这一地区国际问题的趋势日益加强。这个突出特点一直受到各国国际问题研究者的注意，并有大量相关著述和论文出

---

① 郑永年：《中美关系和国际秩序的未来》，载《国际政治研究》2014 年第 1 期。
② 王缉思：《中美关系的现状与前景》，2010 年 5 月 31 日在北京三味书屋的演讲。

版。这些著述和论文关切的内容主要有如下几类：一是亚洲地区主义的道路探索①；二是多边合作现状、发展前景及其面临的挑战②；三是大国在这一地区多边合作中的作用和影响③；四是关于次区域多边合作的分析。这些分析大多是对亚太地区国际政治经济变动过程和状态的观察，从理论和政策视角研究这一地区多边合作与欧洲的不同，以及目前呈现的多重形态和未定的前景。鉴于亚太地区错综复杂的社会文化、外交和安全背景，这些著述都未能对这些多边合作（特别是安全合作的）的性质作出定论。有的学者似乎感到悲观，有的充满自信，也有人表示质疑。但是他们的著述都无法回避这样一个问题：中美关系是影响该地区多边合作的最重要因素，两国关系的复杂性使得这一地区的多边合作更加错综复杂。从现实主义的角度来讲，中美参与亚太多边合作的目标都是维护自身利益。在参与多边

① 自 20 世纪 60 年代地区主义兴起以来，关于亚洲地区主义的探讨就一直是经久不衰的热门话题，至今，美国、中国、澳大利亚、日本、韩国、新加坡，乃至欧洲国家的学者不断有这方面的新著涌出，这里列举几位著名学者的著作，如 Fu-kuo Liu and Philippe Regnier eds., *Regionalism in East Asia: Paradigm Shifting?* Routledge Curzon, 2003；Joseph A. Camilleri, *Regionalism in the New Asia-Pacific Order*, Edward Elgar Publishing, 2003；Edward J. Lincoln, *East Asian Economic Regionalism*, Brookings Institution Press, 2004；Heribert Dieter ed., *The Evolution of Regionalism in Asia: Economic and Security Issues*, Routledge, 2007；Ellen L. Frost, *Asia's New Regionalism*, NUS Press, 2008；Christopher M. Dent, *East Asian Regionalism*, Routledge, 2008；Amitav Acharya, *Whose Ideas Matter? Agency and Power in Asian Regionalism*, Cornell University Press, 2009；Masahiro Kawai, Jong-Wha Lee, Peter A. Petri and Giovanni Capanelli, *Asian Regionalism in the World Economy: Engine for Dynamism and Stability*, Edward Elgar Publishing, 2010；Richard Pomfret, *Regionalism in East Asia: Why Has It Flourished Since 2000 and How Far Will It Go?* World Scientific, 2011；Melissa Curley and Nicholas Thomas, *Advancing East Asian Regionalism*, Routledge, 2012。不仅学者的分析对地区主义进行了探讨，甚至亚洲开发银行也在其报告中关注地区主义的发展，参阅 Asian Development Bank, *Emerging Asian Regionalism: A Partnership for Shared Prosperity*, 2008。东亚地区主义被纳入中国学者的研究视野是在 1997 年亚洲金融危机之后，到目前为止，出版的主要论著有宋玉华等《开放的地区主义与亚太经济合作组织》，商务印书馆 2001 年版；耿协峰《新地区主义与亚太地区结构变动》，北京大学出版社 2003 年版；陈峰君、祁建华主编《新地区主义与东亚合作》，中国经济出版社 2007 年版；肖欢容《地区主义：理论的历史演进》，北京广播学院出版社 2003 年版（其中有一章论述了亚洲地区主义道路的探索，参阅第 212—246 页）。中国学者探讨东亚地区主义的文章在学术杂志和报纸上屡见不鲜，这里不一一列举。

② 张蕴岭、周小兵：《东亚合作的进程与前景》，世界知识出版社 2003 年版；Edward J. Lincoln, *East Asian Economic Regionalism*, Brookings Institution Press, 2004；T. J. Pempel, *Remapping East Asia: the Construction of a Region*, Cornell University Press, 2005；Naoko Munakata, *Transforming East Asia: the Evolution of Regional Economic Integration*, Research Institute of Economy, Trade and Industry, 2006。

③ 王缉思、倪峰、余万里主编：《美国在东亚的作用：观点、政策及影响》，时事出版社 2010 年版。

合作的决策程序中，决策者要权衡加入的利弊。有人认为，美国参与亚太多边合作的目标有三个：一是维护它在这一地区的霸权，二是维护该地区的安全稳定局势，三是推动该地区的自由贸易。而中国的多边取向则在于提高国际形象和获得有利于自身发展的条件。① 无疑，中美是基于各自的利益参与亚太多边合作的，并通过多边合作将彼此的利益交织在一起，在多边合作中维护各自的利益并调适彼此的利益。那么，在亚太多边合作进程中，中美各自对东亚区域内合作的态度和考虑具体都是什么？两国各自如何参与了这一地区的多边合作？两国在这些多边合作框架内进行了怎样的互动？两国各自诉求的角色和两国之间的互动将会对东亚区域合作的发展产生什么样的影响？

本研究在梳理亚太多边合作的发展历程和现状特点，以及中美对现存多边合作框架建设参与的基础上，试图探讨上述问题的答案。

第三节　研究对象的界定

本研究将中美两国关系置于亚太区域多边合作框架内进行考察。如果从学科领域的角度来划分研究框架，不但涉及研究对象的纵向历史发展，也涵盖横向国际关系的研究。为了使研究具备严格的科学性，使文中涉及的概念及其运用具有准确性和适用性，这里要对"亚太"区域的地理概念和"多边合作框架"的内涵进行必要的界定。

（一）亚太的区域界定

本研究所涉及的地域范围为亚太地区（Asia-Pacific）。在很多研究中，所谓"地区"，"不是'自然的'和'赋予的'，而是在全球转型的过程中被不断创造出来的。"② 亚太地区，全称为"亚洲及太平洋地区"，作为一个"地区"，"亚太"并不是一个传统的固有的地理概念，而是随着太平洋两岸国际政治经济结构的变化而产生的地域范围。在很多研究中，这一地区概念常常与"东亚"混合使用。从严格的自然地理角度定义，"东亚"

---

① 相关分析参阅江忆恩《中国参与国际体制的若干思考》，王鸣鸣译，载《世界经济与政治》1999 年第 7 期，第 4—10 页。

② Bjorn Hettne and Fredrik Soderbaum, "Theorising the Rise of Regionness," *New Political Economy*, Vol. 5, No. 3, Nov. 2000, p. 461.

是指东盟十国和东北亚的中国、日本、蒙古、朝鲜和韩国。这一定义的历史渊源有两个：一是以中国为中心的朝贡体系，二是东南亚的前殖民地海洋体系。但是，随着这一地区国际地缘经济和政治结构的变动，传统地理概念中的东亚地区区域范围不断扩大，其名称有时候与"亚太"和"亚洲"交替混合使用。20世纪80年代以来，随着这一地区经济的发展，各国学者提出了各种各样的地区范围定义，例如，有学者从经济地缘的角度提出东亚经济圈概念，认为东亚经济圈应该是一个泛东亚的概念，其范围可以包括北起苏联远东地区，南至印度支那半岛，中间含有处于黄海、东海及南海之内的诸多亚洲国家。还有人提出，根据地缘关系，以上海为分界点，上海以北地区组成东北亚共同体，上海以南（包括上海经济区5省1市）可以形成东南亚经济共同体。这样形成一个半月牙状的经济圈，圈内含有两个经济共同体，即一圈二体。① 1989年亚太经济合作组织（Asia Pacific Economic Coperation，APEC）成立，其成员不仅有传统地理概念中的东亚国家，太平洋东海岸的加拿大、美国、墨西哥、秘鲁、智利，以及南太平洋的澳大利亚和新西兰等国也先后加入。这无疑将东亚的国际区域范围扩大到太平洋东海岸，使跨太平洋两岸的国家从区域概念上日益成为一体，被称为亚太地区，也有人称之为"沿太平洋地区"（Pacific-rim）。从地缘政治的角度来看，1994年开始召开的东盟地区论坛不但打破了东盟国家所在的地缘界限，也超越了沿太平洋的地域范围，其参与成员除了沿太平洋国家之外，也包括南亚的印度、孟加拉国和斯里兰卡，甚至东北亚的蒙古也参与进来。② 2005年开启的东亚峰会不仅接纳南亚的印度和太平洋南部的澳大利亚、新西兰，美国最终也没能被排除在外。

另外，在世界政治版图上，全球性国际组织和各个国家对这一地区的界定也不尽一致。在联合国，政治事务部和新闻发布中心将南亚、东南亚，以及南太平洋国家作为一个区域，即亚太地区，但美国并不包括在这个地

---

① 李力：《东亚经济圈》，载《世界经济》1991年第5期。

② 东盟包括东南亚10个成员：文莱、柬埔寨、印度尼西亚、老挝、马来西亚、缅甸、菲律宾、新加坡、泰国、越南；东盟发起的东盟地区论坛有27个成员，其中包括欧盟、东盟10国、中国、日本、韩国、朝鲜、印度、蒙古、俄罗斯、美国、加拿大、澳大利亚、新西兰、巴布亚新几内亚、巴基斯坦、东帝汶、孟加拉国、斯里兰卡。2005年开启的东亚峰会作为致力于推动东亚一体化进程的领导人会议机制，目前有18个成员，即东盟10国和中国；日本、韩国、印度、澳大利亚、新西兰、美国和俄罗斯8国，因此东亚峰会也被称为"10+8"领导人非正式会议，包含了南亚、东亚、东北亚和南太平洋的大国，美国是唯一太平洋东岸的国家。

理区域内。① 联合国还设有一个区域性职能部门——亚洲及太平洋经济社会委员会（亚太经社会，U. N. Economic and Social Commission for Asia and the Pacific），为联合国经济社会理事会下属的五个区域委员会之一，是联合国在亚太地区主要负责经济和社会发展事务的论坛，也是亚太地区建立最早、规模最大、代表性最为广泛的政府间多边经济社会发展机构。② 这个组织共有53个成员，涵盖的地理区域广泛，包括了中亚和西亚一些国家。然而，在这个组织内，美国与英国、法国和荷兰却被列为非亚太区域成员。③ 1993年出版的一份研究报告——《东亚奇迹——经济增长与公共政策》对东亚的范围做了如下界定：东亚"包括所有的东亚、东南亚和太平洋地区、中国和泰国以东的中低收入国家，中国和泰国也包括在内"④。目前，该机构网站上显示的地理划分是将蒙古及其以南的地区和太平洋海域国家归为一个区域，称为东亚与太平洋地区（East Asia and Pacific）。⑤

就具体国家而言，各个国家的外交事务区域划分也不相同。该地区的几个大国中，中国外交部的地区划分为传统自然地理意义上的亚洲，包括中国周边的东亚、北亚、中亚、西亚、南亚，以及东南亚共47个国家（含中国）⑥，在地区的身份认定中，中国基本上是把自己定位为东亚国家。美国国务院将该区域称为东亚和太平洋地区（East Asian and Pacific），涵盖东盟国家、中国、东北亚国家，以及南太平洋国家，共30个国家（台

---

① 参阅联合国新闻中心网页 http：//www. un. org/apps/news/region. asp？Region = Asia + Pacific；政治事务部网页 http：//www. un. org/wcm/content/site/undpa/main/activities_ by_ region/asia。

② 亚洲及太平洋经济社会委员会目前开展三个层面的工作项目：在区域层面应对解决区域性问题；在次区域和国家层面协助各国政府规划、制订均衡发展项目；在执行旨在刺激发展、改善社会经济条件和帮助建设现代社会基础的业务计划方面，亚洲及太平洋经济社会委员会起着一个执行机构的作用。其任务目标主要集中在以下三个方面：对亚太地区面临的各种紧迫问题进行深入研究和分析；动员政府间机构推动经验交流、由秘书处提供技术援助和咨询服务，收集、传播与社会和经济发展有关的数据和信息。参阅联合国相关网页：http：//www. un. org/zh/aboutun/structure/escap/。

③ 参阅维基百科（zh. wikipedia. org/wiki/）联合国亚洲及太平洋经济社会委员会，2013年5月29日查阅。

④ World Bank, *The East Asia Miracle*: *Economic Growth and Public Policy*, Oxford University Press, September 1993, xvi.

⑤ 参阅世界银行网页 http：//web. worldbank. org/WBSITE/EXTERNAL/COUNTRIES/EASTA-SIAPACIFICEXT。

⑥ 参阅中国外交部网页 http：//www. fmprc. gov. cn/mfa_ chn/gjhdq_ 603914/gj_ 603916/yz_ 603918/。

湾单列）①；冷战后，在美国的战略中，随着东亚经济的崛起和地缘重要性的增加，美国更愿意把自己定位为这一地区的一员。然而，把自己称为东亚国家显然没有任何地理和历史依据，于是，美国一直声称自己是"太平洋国家"，对这一地区更愿意用"亚太"来界定。例如，奥巴马上台以后，他本人和国务卿希拉里·克林顿在多个场合强调美国是"太平洋国家"。2010年1月，希拉里在夏威夷的智库东西方中心发表演讲，强调美国在亚太的领导作用，申明美国要在亚太"留下来"。② 2011年，奥巴马在亚太经济合作组织领导人非正式会议上的发言中继续强调："美国是一个太平洋大国，我们将留在这里。"③

日本外务省所谓的亚洲只包括印度、巴基斯坦等南亚国家和传统地理上的东亚国家和东南亚国家，中亚国家和西亚国家，以及太平洋岛国不包含在这个区域。④ 在韩国的外交地图上，亚太也是作为一个区域划分的，区域范围跟日本相似，包含38个国家。⑤

20世纪80年代以来，跨国公司和国际组织成为主要国际行为体之一，它们的运营地区和影响日益扩大。这些公司及组织亦常将亚太地区视为一个重要的业务区域。很多美国公司就存在这种负责区域市场的部门划分，其中亚太业务区域主要是以中国大陆地区为中心的沿太平洋西岸国家和地区，有时候甚至被称为"大中华区"⑥。

由以上资料可以看出，在地缘政治版图上，亚太地区覆盖了三个主要的次区域：东亚，美洲地区太平洋沿岸（北美三国和拉丁美洲太平洋沿岸国家），以及大洋洲国家。⑦

---

① 参阅美国国务院网页 http：//www. state. gov/p/eap/ci/index. htm。

② Hillary Rodham Clinton，"Remarks on Regional Architecture in Asia：Principles and Priorities"，Honolulu，Hawaii，Jan. 12，2010.

③ President Obama Addresses the Australian Parliament，November 17，2011，available at：http：//www. whitehouse. gov/blog/2011/11/17/president-obama-addresses-australian-parliament.

④ 参阅日本外务省网站英文网页 http：//www. mofa. go. jp/region/index. html#asia。

⑤ 参阅韩国外交部网站英文网页 http：//www. mofa. go. kr/ENG/countries/asiapacific/index. jsp？menu＝m＿30＿10＿10。

⑥ 跨国公司为了方便管理，都对自己的业务区域进行划分，一般把包括中国大陆地区、中国台湾、中国香港和中国澳门的地区定义为"大中华区"，但有时候也涵盖受中华文化影响较大的新加坡、泰国、马来西亚等国家和地区。

⑦ Christopher M. Dent and Jörn Dosch，*The Asia-Pacific*，*Regionalism And The Global System*，Edward Elgar Publishing，2012，p. 3.

上述这种政治地缘分割差异性的纵横交错表明，亚太地区缺少一个明显的中心点，从而没有像欧洲那样形成一个整合的政治联盟。正是因为这种交错式的区域概念界定，这一地区的国际多边合作进程常常呈现出犹豫不决的局面，结果呈现出区域和次区域、经济和政治安全错综复杂的特性。

基于其区域范围的不确定性，文中使用地区概念时，根据被分析的主题对象所涵盖的范围来使用"亚太""东亚""亚洲"等概念。

（二）地区（区域）多边合作框架的界定

20 世纪 80 年代以来，亚太地区富有朝气的经济发展、区域内纷繁复杂的安全问题，以及区域内日趋深化的多边合作成为国际社会广泛关注，也成为国际问题学术界的重点研究课题之一。① 地区主义（regionalism）、一体化（integration）、共同体（community）、多边合作（multilateral cooperation）等是常用的关键词，常常被用来界定区域内各种合作的目标和形式。本研究并不试图深入探讨这些理论，但需要对这些关键性概念进行简单辨析，以准确说明本研究的对象。

首先，区域内日益深化的多边合作被视为"地区主义"的实践。在提到一个地区时，我们首先将它视为一个自然的区域，如地理上的相对邻近、人种的近似、文化上的内在联系、经济上的相互依存以及安全上的密切关联性等，从而体现出这个地区的自然特性（natural characters），也可以称为固有特性（inherent characters）。早在 20 世纪 60 年代后期，美国著名学者约瑟夫·奈（Joseph Nye）曾经提出关于地区的基本概念："地区就是由地理关系和一定程度的相互依赖而连在一起的一些国家。"② 这些区域首先是地理范畴，"一国权力所依赖的最稳定的因素显然是地理"③，但是，地区固有的特性可以作为实现区域一体化的自然基础和前提，并不一定就决定这一地区将走向一体化，如近代的欧洲及冷战期间的亚洲，并没有实现地区一体化。地区一体化只有在"地区主义"的主导之下，通过地区内国家之间和社会之间的协调、合作与融合，才能最终实现。因此，"地区主

---

① Christopher M. Dent, *East Asian Regionalism*, Routledge, 2008, p. 6.

② Joseph Nye ed., *International Regionalism*, Boston: Little Brown and Co. 1968, xii.

③ 汉斯·摩根索：《国家间政治》，徐昕等译，中国人民公安大学出版社 1990 年版，第 152 页。

义"实际上是国家权力的变动而引起的地区秩序整合，是对国际秩序中地区安排的追求。①"地区主义"在一定程度上不停地重塑世界地缘格局，也在重塑地区内国家的认同意识，促使区域内国家以地区视角重新审视自己和周边世界。

地区主义的经典实践是欧洲一体化的进程。第二次世界大战结束以后，西欧国家为维护自身利益而趋向联合，各国政府积极主导了经济和政治领域的横向协调与合作，促进了欧洲一体化的发展。欧洲的实践一般被称为传统地区主义，也就是"旧地区主义"。随着欧共体一体化进程的加速，20 世纪 60 年代，在拉丁美洲、东南亚和非洲，地理上临近的国家都开始仿效欧洲，纷纷成立区域合作组织，加强区域内多边合作，"地区主义"得到了全球性的实践，并在冷战后进入高潮。20 世纪 80 年代以前，拉丁美洲的地区主义实践走在了前面，先后有近十个地区性一体化组织诞生，内容涵盖了政治、经济和安全。例如，中美洲共同市场（The Central American Common Market，CACM，1960 年成立，成员包括洪都拉斯、尼加拉瓜、萨尔瓦多、危地马拉和后来加入的哥斯达黎加），安第斯共同体（Andean Community，1969 年成立，成员包括秘鲁、厄瓜多尔、玻利维亚、哥伦比亚和智利，后来委内瑞拉加入，智利退出）；拉丁美洲一体化协会（The Latin American Integration Association，LAIA，1980 年成立，前身是 1960 年成立的拉丁美洲自由贸易协会，the Latin American Free Trade Association，LAFTA）。非洲仿效欧洲成立了非洲联盟（1963 年成立，非洲统一组织，Organization of African Unity，OAU）；以马来西亚为首的东南亚国家成立了东南亚国家联盟（1961 年成立，Association of Southeast Asian Nations，ASEAN）。20 世纪 80 年代中期以后，随着北美自由贸易区（North America Free Tree Area，NAFTA）的酝酿和欧共体内部整体市场化进程的加速，一种"新地区主义"开始出现在国际关系舞台上。拉丁美洲兴起南方共同市场（1991 年成立，Southern Common Market，简称为西班牙语 Mercosur 或葡萄牙语 Mercosul，创始成员包括巴西、阿根廷、乌拉圭及巴拉圭四国，后来扩大成员参与，委内瑞拉加入，玻利维亚、智利、哥伦比亚、厄瓜多尔及秘鲁等国后来也取得准会员资格。该组织试图整合中南美洲），跨太平洋领域的国家成立了亚太经合组织，东盟重新焕发活力，推动多个

---

① 肖欢容：《地区主义：理论的历史演进》，北京广播学院出版社 2003 年版，第 9 页。

以其为中心的外溢性地区合作框架如"东盟+3"（又称为"10+3"）等。与"旧地区主义"一样，新地区主义的目的也是整合地区市场和力量，但新地区主义呈现的一个特性就是地理区域缺乏一个中心点，成员资格向域外成员开放，区域范围也随之扩大，这也就是所谓的"开放性"，例如，东亚地区建构的过程中，东亚域外国家如美国、俄罗斯、澳大利亚等国家的参与介入使得这里的地区主义呈现出与欧洲明显不同的特性，因此，"新地区主义"又被称为"开放性地区主义"（Open Regionalism）。① 这种开放呈现出内向的开放和外向的开放。内向的开放秉承原有区域内国家的合作原则，比如东亚地区，在观念上，东亚各国处于平等的地位，只要能够提出符合本地区整体利益的建议，便可以得到鼓励和支持。在进程上，东亚一体化进程中并不要求成员的政治变革和经济发展处于同一水平。在体制上，奉行不干涉内政原则，大国尊重小国利益，反对大国以自身利益主导地区合作而危及小国利益，反对国家间相互激烈竞争与对抗而破坏地区的稳定与和谐。外向的开放是不排斥地区外国家和组织的参与，而持欢迎态度。② 比如，东盟地区论坛由东亚区域内十个国家发起，但是论坛坚持开放的原则，后来欧洲、美洲也有国家参与进来。这种开放的特性一方面加强了东亚合作的包容性，另一方面也导致合作松散，进程缓慢，效率低下。

　　研究者又常常将"地区主义"与"共同体建设"和"一体化"交互进行研究。"共同体"（community）一般是这样一种状态：强调地域集中（生活在一个特定区域的人们）和身份认同（共同一致的利益、文化、价值观等），因此更倾向于社会和文化的认同。③ 在现实政治中，建立"共同体"是一个政治追求目标。亚洲国家与美国对亚太地域概念的认同不一致，于是产生了"太平洋共同体"与"东亚共同体"两个概念，并且为官

---

　　① Norman Dunbar Palmer, *The New Regionalism in Asia and the Pacific*, Lexington Books, 1991, pp. 1–5, 12.

　　② 苏浩：《东亚开放地区主义的演进与中国的作用》，载《世界经济与政治》2006年第9期，第49页。

　　③ "共同体"这一概念的理论源于社会学领域，共同体成员具有明显的身份属性，拥有共同事物的特质、相同身份和特点，建立在自然基础上的、历史和思想积淀的联合体，是有关人员共同的本能和习惯，或为思想的共同记忆，是人们对某种共同关系的心理反应，表现为直接自愿的、和睦共处的和更具有意义的一种平等互助关系。参阅菲迪南·滕尼斯《共同体与社会》，林容远译，商务印书馆1999年版，前言，第3页。

方采用。1991 年，美国国务卿詹姆斯·贝克（James A. Baker, III）首次提出建立太平洋共同体的设想，其主要内容是，建立一个以美国为核心，以美日同盟为骨干，以美国与韩国、东盟、澳大利亚的双边关系为基础，以亚太经合组织为纽带，将亚太各国连接在一起的类似扇形的辐射机构。① 1992 年，克林顿入主白宫以后，继承了这一战略思想，并于 1993 年 7 月 7 日在东京早稻田大学发表演说，正式提出美国关于"新太平洋共同体"的构想。克林顿明确指出："现在是美国同日本，以及这个地区的其他国家一起创建新太平洋共同体的时候了。"（Building a new Pacific community）当时，他所依托的共同体的载体就是亚太经合组织（Asia Pacific Economic Cooperation），认为"亚太经合组织是我们可以用来讨论新太平洋共同体种种问题的最有希望的经济论坛"②。所谓新太平洋共同体，就是要在美国与亚太国家之间建立一种"利益的相关性"，即一方面，保持美国在亚太地区的贸易与投资利益，加深美国同亚洲国家之间的联系；另一方面，明确提出经济利益与安全利益之间的一致性。③ 其根本目的是把美国在亚太地区的军事存在与美国在该地区的经济贸易利益结合在一起。

后来，这一地区又出现了没有纳入美国但也不排斥美国的两种地区"共同体"模式。一种是东亚展望小组提出的模式。2001 年 10 月，由学者专家组成的东亚展望小组向"东盟 + 3"（"10 + 3"）领导人提交了关于建立"东亚共同体"的报告，为东亚地区合作提出了发展蓝图。东亚展望小组提出的具体建议多达 57 项，主要包括把建立"东亚共同体"作为东亚合作的长期目标；建立东亚自由贸易投资区；加强东亚地区的金融合作；推动东亚经济和政治合作的制度性发展；由"东盟 + 3"框架向"东亚"机制过渡；加强政治、安全合作，以及社会、文化、教育合作等。④ 这些合作建议并没有被"东盟 + 3"领导人会议采纳，但是却促进了东亚国家在未来合作构想方面的共识。马来西亚和印度尼西亚等国是这一模式

①　James A. Baker III, "America in Asia: Emerging Architecture for A Pacific Community", *Foreign Affairs*, Winter 1991/92, pp. 1 – 18.

②　President Clinton, "Building A New Pacific Community", Address to students and faculty at Waseda University, Tokyo, Japan, July 7, 1993.

③　宋玉华：《评美国政府的亚太新战略——"新太平洋共同体"的战略构想》，载《世界经济》1994 年第 2 期，第 3 页。

④　East Asia Vision Group (EAVG), *Towards an East Asian Community: Region of Peace, Prosperity and Progress*, 2001.

的拥趸，当然其具体建议也有所差异。例如，马来西亚一直是东亚地区合作的重要倡议者，其前总理马哈蒂尔（Seri Mahathir Bin Mohamad）和巴达维（Abdullah Haji Ahmad Badawi）都热衷于提出东亚合作的理念，并着力推行这些理念的实施。1990 年，马哈蒂尔曾经提出建立"东亚经济集团"倡议（EAEG），但因美国反对而不了了之。这被认为是东亚地区第一个共同体构想。2004 年，巴达维在第二届东亚论坛上提出了马来西亚关于建设东亚共同体的具体建议。他认为，东亚共同体应该是东盟共同体的延伸，建设东亚共同体应该包含以下几个方面：东亚峰会（East Asia Summit），东亚共同体宪章（Charter of East Asia Community），东亚自由贸易区（East Asia Free Trade Area），东亚货币与金融合作协定（Agreement of East Asia Monetary and Financial Cooperation），东亚友好合作区（East Asia Zone of Amity and Cooperation），东亚交通和通讯网络（East Asia Transportation and Communication Network），东亚人权和义务声明（East Asia Declaration of Human Rights and Obligations）。① 马来西亚提出的共同体模式以欧盟和东盟为版本，以"东盟 + 3"为主体推进建设目标。② 另一种是日本提出的模式。在推进"东亚共同体"的建设中，日本是较为积极的国家。2002 年年初，日本首相小泉纯一郎强调要采取具体措施，创造"东亚共同体"（creating an East Asian community）的建设。③ 但日本提出的是"以日本与东盟合作为基础，并且向美国开放"的共同体。其思路首先是经济合作，然后通过促进东盟地区论坛（ARF）的发展，把日本与东盟之间的合作和整个东亚的合作联系起来。其实，日本的共同体主张不是地区目标，而仅仅是日本新亚洲政策的产物。其他国家如中国、新加坡对东亚共同体的看法也不尽相同。中国持谨慎态度，提出通过开展官方、民间、学术等多层次、多轨道的讨论和交流，逐步统一认识，协商一致；努力缩小各成员间

① "Towards an Integrated East Asia Community", keynote Address by YAB Dato Seri Abdullah HJ Ahmad Badawi, Prime Minister of Malaysia At the Second East Asia Forum, Kuala Lumpur, December 6, 2004, available at: http://www.asean.org/resources/2012 – 02 – 10 – 08 – 47 – 56/leaders-view/item/towards-an-integrated-east-asia-community.

② 鲁道夫·C. 塞韦里诺：《东南亚共同体建设探源——来自东盟前任秘书长的洞见》，王玉主等译，社会科学文献出版社 2012 年版，第 223 页。

③ Remarks by Prime Minister Junichiro Koizumi at "The Future of Asia" Conference Dinner, Hosted by the Nihon Keizai Shimbun, May 25, 2005, 参阅日本外务省网页 http://www.mofa.go.jp/region/asia-paci/future/remark0505.html。

的差距；支持东盟在"东盟＋3"与东亚合作进程中继续发挥主导作用；坚持开放的地区主义，保持合作进程的透明度，增进各方的理解与支持等。① 新加坡则考虑到美国和印度的因素，把经济发展因素和政治因素置于前提之下，不甚热衷共同体的建设，而更愿意使用地区主义的概念来推动地区合作。②

　　一提及上述的"地区主义"和"共同体"，人们往往又从地区"一体化"的角度来理解分析二者的含义，并在概念上与二者交换使用。作为国际政治经济学的一个概念，"一体化"与"地区主义"和"共同体"一样，都是诞生于欧洲地区秩序整合过程中的概念。但是，这个概念至今也无一致的定义。美国国际关系学家詹姆斯·多尔蒂（James E. Dougherty）和小罗伯特·普法尔茨格拉夫（Robert L. Pfaltzgraff, Jr.）把"一体化"定义为"导致政治共同体形成的过程"。③ 欧洲的学者认为，"一体化是一个含混不清的概念"，"它有时用于描述一种实际的现象，有时又用于表达一种规范性的目标值，它既被当作一个过程，又被当作一种状态，并且把许多不同的特征作为根本性的，即作为必然的本质性来加以思考"。④ 实际上，地区一体化只是"地区主义"多种表现形式中的一种，或者说只是它的一个发展路径和目标。欧洲"一体化"的进程更多是指"政治一体化过程"，随着欧盟运行机制的日益完善，欧洲的一体化成为其他地区仿效的模板。然而，由于亚太地区国家经济规模相差较大，既有中国、美国和日本这样举足轻重的大经济体，也有缅甸、老挝和一些太平洋岛国等发展滞后的小型国家，各国的经济社会制度、历史文化背景、民族宗教都大相径庭，而且还存在一些难以解决的安全痼疾，所以，亚太地区的一体化一直处于不明朗的状态。在这一地区，共同利益最多、最容易达成协议的领域是经贸领域，所以，亚太地区的"一体化"常常是指区域经济一体化。这一地区追求一体化的目标也基本上是先实现经济一体化，而后追求政治一

---

　　① 温家宝在第八次东盟与中日韩领导人会议上的讲话，2004年11月29日，万象。

　　② 王勇：《东亚共同体：地区与国家的观点》，载《外交评论》2005年第4期，第24—25页。

　　③ 詹姆斯·多尔蒂等：《争论中的国际关系理论》第五版（James E. Dougherty and Robert L. Pfaltzgraff, Jr., *Contending Theories of International Relations: A Comprehensive Survey*, Prentice Hall PTR, 2008），阎学通等译，世界知识出版社2003年版，第560页。

　　④ 贝娅特·科勒—科赫、托马斯·康策尔曼、米歇勒·科诺特：《欧洲一体化与欧盟治理》，周弘主编，中国社会科学出版社2004年版。

体化。另外，还有一个因素，就是亚太地区主义的开放性让域外国家很容易介入，这使得亚太地区的一体化进程一直在"进程"的路上，而没有达到欧洲那样的效果。

上述三个概念一般用来描述地区合作的进程和目标，推动这些进程和实现目标的方式就是开展多边合作。从学术分析的角度来讲，多边合作的理论基础是"多边主义"。至今，学界对这一概念也无完整的、统一的定义，广泛被接受的是多边主义研究的代表学者约翰·鲁杰（John Gerald Ruggie）的定义，即"依据普遍行为原则，协调三个或三个以上国家的制度形式"①。对于多边主义的研究也体现在两个层面之上：其一是主权国家的外交行为取向，即从个体国家的角度考虑它的对外行为方式，这就是我们常说的多边外交（multilateral diplomacy）。其二是从全球或地区角度考察国家之间的互动行为方式，强调制度性因素对国家互动方式的影响。前者常被认为是"战略多边主义"，后者则常被当作"制度多边主义"。② 一般而言，"制度多边主义"的一个基本特征，就是制定使国际多边协商更为容易的综合规则和行为规范，并确定遵从的原则。国际合作制度化的结果是形成国际机制。机制化就是"组织制度化"，即作为一个多边活动组织，有成员共同通过的规章制度，有相应的组织管理机构，它通过的计划、议案和决定等对其成员具有约束力和某种法律效力。③ 但是，在这个意义上，亚太地区严格的意义上多边合作机制还不多。也就是说，与欧洲的经验相比，东亚区域合作的制度化表现得不够成熟，具有多种形式并存且机制化较低的特点。"无论是东南亚国家联盟，还是东盟国家，进行安全对话的东盟地区论坛，抑或亚太经合组织，根本无法同欧洲连成一片的多边区域合作联系网络相比拟。"④

目前，亚太地区多边合作覆盖范围不一，区域、次区域重合，政治、经济与安全交织在一起，表现为一种比较复杂的局面（参见表1）。例如，

---

① 鲁杰的原文是："an institutional form that coordinates relations among three or more on the basis of generalized principles of conduct." 参阅 John Gerald Ruggie ed., *Multilateralism Matters: The Theory and Praxis of An International Form*, Columbia University Press, 1993, p. 11。

② 秦亚青：《多边主义研究：理论与方法》，载《世界经济与政治》2001 年第 10 期，第 2—10 页。

③ 王杰主编：《国际机制论》，新华出版社 2002 年版，第 215—217 页。

④ 兹比格纽·布热津斯基：《大棋局：美国的首要地位及其地缘战略》，上海人民出版社 1998 年版，第 204 页。

东盟和亚太经济合作组织具有固定的成员、固定的地址、独立的总部、有效的工作人员和秘书处，基本符合国际多边合作机制定义的标准；而六方会谈只是一个多边参与的谈判平台，并无独立的办公总部和有效的工作人员等。所以，可以说，亚太地区的多边合作是多种框架并存。与欧盟不同的是，东亚区域一体化的形式并不局限于一个单一区域内的国际机制，而是以区域多边组织、论坛、会议等地区多边合作形式呈现，而并非限于正式的严格意义上的国际机制。也就是说，东亚国家在追求一体化目标的进程中所缔造的合作形式是多样的。因此，本书以"多边合作框架"来界定这一地区的多边合作状况。研究的内容就是中美对这些多边框架的态度、参与，以及这些多边合作框架的构成和发展如何影响中美关系。

表 1　　　　　　　　　　当前亚太地区多边合作框架

名称	成立时间	成员和机构设置	英文简称	框架形式	议题	覆盖地理范围
东盟	1967	文莱、柬埔寨、越南、印度尼西亚、老挝、马来西亚、缅甸、菲律宾、新加坡、泰国（10 个成员）有秘书处，总部设在印度尼西亚首都雅加达	ASEAN	综合	综合	东南亚
东盟与中日韩	1997	东盟 10 国、中国、日本、韩国	10＋3	峰会机制、部长级会议	议题一般以经济合作为重点	东南亚与东北亚
东盟与中国	1991	东盟 10 国、中国	10＋1	峰会、部长级会议	经济、社会人文全面合作	东南亚与中国
东盟与日本	1977	东盟 10 国、日本	10＋1	峰会	推进建设经济伙伴关系（EPA）	东南亚与日本
东盟与韩国	1991	东盟 10 国、韩国	10＋1	峰会	全面经济合作	东南亚与韩国
东盟地区论坛	1994	东盟 10 国、澳大利亚、加拿大、中国、印度、日本、新西兰、韩国、俄罗斯、美国和欧盟，以及孟加拉、朝鲜、蒙古、巴基斯坦、巴布亚新几内亚、斯里兰卡和东帝汶（目前共 27 个成员），依托于东盟，2004 年设立东盟地区论坛小组	ARF	外长会、高官会会议、一轨半会议	安全议题，建立信任措施，探讨预防性外交和非传统安全合作	泛亚太

续表

名称	成立时间	成员和机构设置	英文简称	框架形式	议题	覆盖地理范围
中日韩	1999	中国、日本、韩国		领导人会议、外长会、经贸、环保、文化等18个部长级会议和50多个磋商机制	全面合作	东北亚
东亚峰会	2005	东盟10国、中国、日本、韩国、印度、澳大利亚、新西兰、美国、俄罗斯	EAS	领导人会议、部长级会议	全面合作	泛亚太
大湄公河次区域经济合作	1992	中国、缅甸、泰国、柬埔寨、越南、老挝	GMS	领导人会议、部长级会议、高官会议	加强大湄公河次区域经济合作	澜沧江—湄公河流域
亚太经济合作组织	1989	澳大利亚、文莱、加拿大、智利、中国、中国香港、印度尼西亚、日本、韩国、墨西哥、马来西亚、新西兰、巴布亚新几内亚、秘鲁、菲律宾、俄罗斯、新加坡、中国台北、泰国、美国、越南，1993年在新加坡设立秘书处	APEC	领导人非正式会议、部长级会议、高官会议	贸易投资自由化、商业便利化和经济技术合作，推进地区经济一体化；深化非传统安全合作	泛亚太
亚太安全合作理事会	1993	澳大利亚、文莱、柬埔寨、加拿大、中国、欧盟、印度、印度尼西亚、日本、朝鲜、韩国、马来西亚、蒙古、新西兰、巴布亚新几内亚、菲律宾、俄罗斯、新加坡、泰国、美国、越南	CSCAP	第二轨道非政府组织	交流政策、协调观点、进行安全对话，为政府间的安全合作提供建议	泛亚太
六方会谈	2003	朝鲜、韩国、中国、美国、俄罗斯和日本	SPT	代表团	朝核问题	东北亚
跨太平洋伙伴关系	2005	目前成员未定①	TPP	贸易协定谈判	贸易协定	泛亚太

---

① 截止到2013年9月10日，参与谈判的国家已有12个，中国尚未加入。

第一章

亚太多边合作的发展与现状

第一节 背景和历史

从目前来看，亚太多边合作的进程有两条轨道，一条是经贸合作，另一条是政治安全合作。其中推进较快的是经贸合作，涉及的领域包括自由贸易和区域内货币合作。这也是亚太多边合作的主线。

自 20 世纪 80 年代以来，世界各国——无论是发达国家还是发展中国家，都把惊奇的目光投向了亚太地区，特别是处于西太平洋的东亚地区。世界银行在 1990 年年度报告中说，东亚经济已把它的增长速度从 70 年代的 66% 提高到 80 年代后期的 85%，使 80 年代成了"亚洲经济奇迹时期"。进入 90 年代以来，东亚经济仍然在世界性经济衰退中独显异彩。实际上，从 70 年代末开始，亚太地区一些经济体的制造业在国民经济中所占比重开始超过农业，大批外国直接投资同时涌入，使这些经济体成为跨国公司的国际加工基地。由此，这些国家正式迈入工业现代化轨道，其出口结构也发生了巨大变化，开始与发达国家争夺海外市场。然而，由于西方国家在国际经济格局中相对处于优势地位，且主导贸易规则，该地区发展中国家在占领国际市场方面面临重重困难。80 年代中期，旨在全面改革世界多边贸易体制的乌拉圭回合谈判启动。东亚国家担心一旦谈判失败，发达国家的贸易保护主义肯定会大大增加，进而改变国际贸易格局，减少这些发展中国家所享受的区域分工带来的好处。它们担心被排斥在区域集团之外，成为发达国家争夺世界农产品市场及贸易投资措施的牺牲品，有鉴于此，东亚各国开始提出建立东亚区域经济集团的构想。

日本是对东亚经济一体化构想探讨较早的国家。早在 1978 年首相大平正芳就提出了"环太平洋联合构想"，但是并未得到其他国家热烈反响，最后并无具体结果。1987年竹下登上台之时，大多数国家在进行经济结构调整，各国之间的互相依赖关系日益加深，同时竞争也更趋激烈，贸易保护主义和地区化、集团化趋势日益加强。这种情况，给日本带来了前所未有的机遇，为日本的国际经济和贸易发展创造了更为有利的客观条件。建立以自己为核心的经济势力圈，以同西欧、北美两大经济集团相抗衡，在激烈的国际竞争中制胜，保护并发展自己，是日本所面临的重大选择。1988年5月，日本通产省、外务省、经济企划厅共同参与的竹下首相的咨询机构"经济审议会"和"国际经济部会"提出了"东亚经济圈构想"，并得到了竹下首相和日本各省厅的支持。1988年6月，日本《选择》月刊对这一"东亚经济圈构想"做了介绍和评论。该构想包括的对象有"日本，亚洲新兴工业经济体（NIES），东盟其余五国——泰国、马来西亚、印度尼西亚、菲律宾、文莱"。从地理范围上看，它与"环太平洋联合构想"不同，没有包括美国、加拿大、澳大利亚、新西兰和中国。但是，这一构想提出，"东亚经济圈"不是排他性和封闭性的，而是"开放性经济圈"，"志在扩大世界贸易"。[①] 日本提出这一设想是基于其特殊条件。当时，由于日本对外直接投资的大幅度增加，日本垄断资本正迅速向跨国公司——国际垄断资本集团发展，其长远利益已经不再是地区性的，而是全球性的。建立封闭性、排他性的地区经济集团，不但无法容纳自己庞大的经济实力，反而会加剧经济摩擦，严重限制自己在全世界的经济活动。因此日本提出开放性这一条件。所谓开放性，主要是指坚持"自由贸易"、"自由竞争"的原则，日本在这方面显然占有相对优势，其目的是在"东亚"地区建立自己的经济势力圈。但是，由于日本与亚洲其他国家的历史纠结，以及美国担忧日本的主导作用有损于其在亚太地区的领导地位而不予以支持，这一经济圈设想最后无果而终。

1990年12月，马来西亚总理马哈蒂尔提议建立一个"东亚经济集团"（East Asian Economic Group，EAEG）或"东亚经济共同体"（East Asia Economic Caucus，EAEC），增强亚洲国家对贸易保护主义的抵抗力。马哈蒂尔勾画的"东亚经济集团"主要成员包括东盟十国，以及日本、中国和韩国。[②] 该构想排除美国、澳大利亚和新西兰，单独由亚洲国家和地区组成，其主要背景就是对发达国家歧视性贸易措施不满。根据这个构想，各成员

---

① 张北：《日本"东亚经济圈构想"初析》，载《日本问题》1989年3月2日。
② 参阅维基百科英文版介绍，网址 http://en.wikipedia.org/wiki/East_Asia_Economic_Caucus。

第一阶段必须在"乌拉圭回合"等国际贸易谈判中采取共同步调,加强合作关系,加强与发达国家讨价还价的能力。第二阶段,在贸易、投资领域协调政策,推动区域内产业结构的调整,降低关税壁垒。这一提议,在亚太地区引起了强烈反响。东盟部分国家赞成该方案,日本不支持,美国则明确表示反对。最后这个设想化为泡影。

正式建立经济合作组织的尝试是 1989 年由澳大利亚总理霍克(Bob Hawke)提议建立亚洲太平洋经济合作组织(Asia-Pacific Economic Cooperation,APEC)。这一组织在 1993 年建立峰会机制之后,成为世界上覆盖区域最广的经济合作机构,并掀起亚太地区各经济体贸易经济合作的热潮。在 1997 年亚洲金融危机之前,亚太经合组织一度成为区域合作的主要载体,甚至在一定程度上涵盖了安全领域的问题,并成为各方沟通的高层平台。然而,1997 年的金融危机暴露了亚太经合组织的弱点,遭受重创的东亚各国对这一机构的效能提出质疑,并降低了对它的期望。

1997 年,一些东亚国家遭受金融危机的重创,美国和一些国际机构如国际货币基金组织没有及时伸出援手,帮助应对危机,这让东亚国家失望的同时,产生了强烈的区域内联合发展的愿望。另一方面,在 40 年来经济发展的过程中,东亚国家形成了以企业家为主体的中产阶级力量和利益集团。他们的投资并不是在欧美等地,而是寻找区域内机会。为了维护自身的商业利益,这些企业家推动政府致力于区域内经贸谈判,希望占领谈判伙伴的市场。① 其中最明显的例子就是,随着各种合作框架的形成和发展,企业家们也自发组织配合政府间多边合作的活动,比如"中国—东盟自由贸易区中小企业发展论坛"等。

有鉴于此,以东盟为主导中心的多个区域经济合作形式和倡议应运而生。为了早日实现东盟内部的经济一体化,2002 年 1 月 1 日东盟自由贸易区正式启动。自由贸易区的目标是实现区域内贸易的零关税。文莱、印度尼西亚、马来西亚、菲律宾、新加坡和泰国 6 国已于 2002 年将绝大多数产品的关税降至 0—5%,越南、老挝、缅甸和柬埔寨 4 国将于 2015 年实现这一目标。2002 年 11 月东盟与中国签署了《中国与东盟全面经济合作框架协议》,2010 年,根据此框架协议,中国—东盟自由贸易区(China

① Dick K. Nanto, "East Asian Regional Architecture: New Economic and Security Arrangements and U. S. Policy", *CRS Report for Congress*, Order Code RL33653, Jan. 4, 2008.

and ASEAN Free Trade Area, CAFTA) 正式运行；2005 年，东盟与澳大利亚、新西兰签署了建立亲密合作伙伴协定（Closer Economic Partnership Agreement, CEPA），谈判自由贸易问题①；2007 年，东盟与日本签署了自由贸易协定；2008 年，在泰国与韩国完成了自由贸易协定谈判之后，东盟与韩国签署了自由贸易协定，只不过泰国在降低关税方面拥有灵活度。② 东盟甚至与印度也签署了类似协定。③

除了以东盟为中心的经济合作外，还出现了其他不以东盟为主导的次区域合作，例如大湄公河次区域经济合作（Great Mekong Subregion Cooperation, 简称 GMS）。这是在亚洲开发银行的支持下，湄公河流域的六个国家——中国、缅甸、老挝、泰国、柬埔寨和越南开启的一个通过加强经济联系，促进次区域经济社会发展的机制，合作范围涉及交通、能源、农业、环境、人力资源、城镇化、旅游、贸易便利化、信息通信、跨境经济合作区等十个领域。该合作机制设有领导人会议、部长级会议、高官会议、工作组会议和专题论坛等层次，领导人会议是大湄公河次区域经济合作的最高决策机构，每三年召开一次，各成员按照国名首字母顺序轮流主办。2014 年 12 月，第五次领导人会议在泰国曼谷举行。部长级会议每年举行一次，迄今已举行过 19 次。司局级高官会议、各领域的论坛（交通、能源、电信）和工作组会议（环境、旅游、贸易与投资），每年分别举行会议，并向部长级会议报告。目前，这个机制下基础设施建设方面取得的进展比较明显。

2005 年，文莱、新加坡、新西兰和智利四个国家签订的贸易协议，被称为"P4 协议"（P4 agreement）。这个协议初始也只是一个次区域合作框架，但是后来引起了亚太地区其他国家的兴趣。布什执政后期，美国表示加入，并推动它以《美韩自由贸易协定》（U. S. - Korea Free Trade Agreement, KORUS FTA）为范本，成为涵盖从投资到环境标准，从劳工标准到知识产权，以及政府行为和新兴产业如国有企业、中小型企业等方方面面的协议。④ 奥巴马上台后，调整了美国的东亚政策，其中一个表现就是积极推动跨太平

① Stephen Wright, "ASEAN Signs Free Trade Pact With Australia, NZ", The Associated Press, Feb. 27, 2009.

② "South Korea Signs Free Trade Pact with ASEAN, Excludes Thailand", *Jakarta Post*, Dec. 13, 2005.

③ Association of Southeast Asian Nations, Ministerial Declaration on the AFTA-CER Closer Economic Partnership, Sep. 14, 2002; Framework Agreement on Comprehensive Economic Cooperation Between the Association of Southeast Asian Nations and the Republic of India, Oct. 8, 2003.

④ Bernard K. Gordon, "Trading Up in Asia", *Foreign Affairs*, Jul. /Aug. 2012, pp. 17 – 22.

洋伙伴关系（TPP）谈判。2009 年 11 月，在新加坡举行的亚太经合组织领导人非正式会议上，奥巴马总统宣布美国加入跨太平洋伙伴关系的谈判。这样，在美国的推动下，亚太地区又多了一个旨在推动整个亚太地区经济整合的多边贸易框架。这个框架由于美国的介入提高了谈判标准，其性质也偏离了成立的初衷。

　　作为多边合作的另一条轨道，亚太地区的多边安全合作一直处于"萧条"的状态，这与美国的东亚战略密切相关。第二次世界大战结束初期，美国在欧洲缔造了多边主义原则指导下的北大西洋公约组织（North Atlantic Treaty Organization，简称北约，NATO），而在亚洲，美国则热衷于推行双边同盟合作。从冷战开始到 20 世纪 50 年代中期，美国先后与不同国家签订了一系列双边同盟条约。例如，1947 年，美国首先与菲律宾签订《美菲军事基地协定》和《美国对菲律宾军事援助协定》，1950 年美国与泰国签订《泰美军事援助协定》和《泰美经济技术援助协定》，1951 年美国又与菲律宾签订《美菲共同防御条约》，当年 9 月 1 日与澳大利亚、新西兰签订《美澳新安全条约》，9 月 8 日与日本签订《美日安全保障条约》等。这些双边同盟协定率先得到了亚太国家的认同，因此，多边主义原则没有得到更多的响应。1951 年，美国提议拟定《太平洋公约草案》以建立亚太集体安全机制时，遭到了澳大利亚和新西兰的强烈反对，结果以美国为轴，以其他国家为辐的双边同盟体系得以确立。这是亚太地区多边合作一直萎靡的历史原因。

　　另外，亚太地区的安全局面也是一个难以突破的结构性因素。在地理上，亚太这一广袤区域又大致可以分为三个次区域——东亚（包括东南亚和东北亚）、北美及大洋洲（南太平洋）。其中，东亚是各大国利益纵横交错的地缘战略中心区，大国力量的分布呈现出较为明显的三重结构：美国、中国、俄罗斯和日本作为四个大国，在地区事务中拥有最大的利益和实力；澳大利亚、加拿大和韩国作为中等强国，是地区事务的积极参与者；东南亚国家作为连接大国和中等强国的桥梁，在地区事务中发挥着独特的影响力。[①] 这些大国之间的关系和利益错综复杂，在中、美、日、俄四大国当中，既有传统军事同盟关系，又有战略伙伴关系，也有非敌非友

---

① 喻常森：《东盟在亚太多边安全合作进程中的角色分析》，载《外交评论》总第 97 期，2007 年 8 月，第 60 页。

的竞争关系。美国与日本之间缔结了安全同盟条约，形成了较为稳固的双边安全关系。中国与俄罗斯自 20 世纪 90 年代中期开始结成战略伙伴关系，并在上海合作组织（SCO）框架下进行安全合作。而中国与美、日，俄国与美、日之间尚没有建立稳固的政治信任和安全合作关系，特别是中美、中日关系仍然处于调整之中，定位不明确，敌友状态不明，竞争与合作同在。政治上相互信任程度较低，安全关系总体比较脆弱，呈现出一种"亚稳定"状态。① 由于亚太大国之间的互不信任，导致地区安全结构出现明显的断裂和结构性的制度领导权缺位，使得亚太地区难以形成像欧盟和北约那样完整的多边政治和安全结构。

　　第二次世界大战结束后，在亚太国际地缘政治的变动中，尽管多边主义受到冷遇，但也不是没有任何尝试，初期的尝试其实还是在美国的主导下进行的。1954 年 9 月，在美国的主导下，为了在东南亚构筑集体安全来遏制共产主义"扩张"，美国、英国、法国、澳大利亚、新西兰、菲律宾、泰国和巴基斯坦在马尼拉举行外长会议，正式缔结《东南亚集体防务条约》（South-East Asia Collective Defence Treaty，SEATO）。条约声称："缔约国打算公开和正式宣布它们的团结观念，以使任何潜在的侵略者认识到各缔约国在本区域内团结一致，并愿进一步统一调度它们谋求集体防务以维护和平和安全的努力"，"各缔约国分别地和共同地以持续和有效的自助和互助办法，维护并发展它们各自的和集体的能力，以抵抗武装进攻，并防止和反对受外界指挥的针对它们的领土完整和政治稳定的颠覆活动"。② 但是，作为一个安全性合作机制，东南亚条约组织既没有建立有关的军事机构，也没有设置联合军事司令部或者联合武装部队。同时，并非整个亚洲所有"非共"国家都参与进来，也就是说，没有在亚洲取得足够的地区性的支持力量。事实上，该条约组织最后只吸引到菲律宾、泰国、巴基斯坦三个亚洲国家，美国的盟友日本、韩国不寻求参加东南亚条约组织，印度也因为印巴之间的克什米尔冲突而强烈反对东南亚条约组织，印度尼西亚完全采取跟印度同样的态度，缅甸、锡兰、马来西亚等国，也均采取袖手旁观的态度。这一原本目的

---

　　① 这种"亚稳定是一种外部僵硬而仅有相对较小灵活性的状况。在这方面更像铁而不像钢。这种状况易于受到因不和谐的力量冲击而造成的破坏性连锁反应的损害"。参阅兹比格纽·布热津斯基《大棋局——美国的首要地位及其地缘战略》，第 205 页。

　　② 世界知识出版社编：《国际条约集：1953—1955》，世界知识出版社 1960 年版，第 226—227 页。

在于"援助"东南亚的多边安全机制，事实上却分裂了东南亚。[①] 后来，随着美国与法国在东南亚的争斗和龌龊表现，以及巴基斯坦的退出，该组织变得毫无意义，最终，东南亚条约组织于 1975 年 9 月通过决议宣布解散。通过这次尝试，美国对在亚太推行安全多边主义的可行性变得兴趣索然，从而在该区域安全上更加注重双边同盟合作。

美国尝试的失败并未使东南亚国家完全失去安全合作的兴趣。东南亚条约组织宣布解散之后，1976 年 2 月 24 日，东南亚国家联盟（东盟）成员在印度尼西亚巴厘岛举行的东盟第一次首脑会议上签署了《东南亚友好合作条约》（The ASEAN Treaty of Amity and Cooperation, TAC），目的是在东南亚地区建立信心、促进和平与安全。《东南亚友好合作条约》声称，其"宗旨是促进缔约国人民之间的和平和持久的友好和合作，这将有助于他们的力量的加强、团结和关系的进一步密切"。条约的原则包括：各国相互尊重彼此的独立、主权、平等、领土完整和民族特征；互不干涉内政；用和平手段解决分歧或争端；放弃使用武力威胁等。条约指出，缔约国之间的合作形式是多样的，缔约国首先应该为加速本地区的经济增长而合作。此外，还应该在地区性安全问题等领域进行广泛的合作。条约规定了解决争端的办法和手段，指出缔约国首先要"有决心和诚意防止出现争端"，当出现争端时则"应当不使用武力或者以武力相威胁；任何时候都要通过友好磋商来解决它们之间的这种争端"，强调要通过本地区的内部程序来解决争端。[②] 后来经过 1987 年和 1998 年两次修改议定书，非东盟的国家也被许可加入。除了东盟十个成员外，目前加入该条约的不仅有中国、日本等亚洲国家，还有美国，以及法国等欧洲国家。目前为止，回顾《东南亚友好合作条约》缔约国之间的关系，我们可以看到，在该条约生效的最近二十多年时间里，条约对成员之间的友好合作的确起到了积极的促进作用，条约规定的宗旨和原则已经成为东盟成员之间处理相互关系的基本准则。比如，新加坡与马来西亚有贸易摩擦、印度尼西亚与马来西亚有资源纠纷、柬埔寨和泰国有文化遗产争执，不过，这些东盟成员基本能

---

① 海超：《二十世纪五、六十年代美国在亚太地区的多边主义实践：从东南亚条约组织到亚洲开发银行》，载《理论月刊》2009 年第 8 期，第 140 页。

② *Treaty of Amity and Cooperation in Southeast Asia Indonesia*, Feb. 24, 1976, available at: http://www.asean.org/news/item/treaty-of-amity-and-cooperation-in-southeast-asia-indonesia–24–february–1976–3.

够在《东南亚友好合作条约》的原则上处理相互之间的关系，没有让彼此之间的冲突扩大。与其他地区相比，东南亚在最近二十多年算是比较平静和稳定的，这也要归功于《东南亚友好合作条约》。①

《东南亚友好合作条约》只是一个局限在东南亚地区国家间的安全合作准则约定，并不是一个合作机制。对于建立一个泛地区合作机制，亚太地区的国家也曾进行尝试，但是由于各国差异性太大，欧洲安全合作的经验虽然有一定的借鉴意义，却因各方顾虑很深而没有达成共识。20 世纪 90 年代初期，加拿大、澳大利亚和日本等国家的政要先后提出过仿效欧安会（CSCE）的模式开展亚太地区多边安全合作对话，也未得到绝大多数国家特别是亚洲国家的响应，更没有国家牵头。后来，经济领域的"合作习惯"逐渐外溢到安全领域，逐渐成为一种新的尝试。1991 年，东盟的智囊机构"东盟—战略与国际研究所"（ASEAN—ISIS）向东盟首脑会议提交了一份题为《创新的时代》（A Time for Initiative）的报告，建议应该由东盟担当起亚太地区安全合作的倡导者和组织者的任务。报告主张，"为了增进亚太地区的稳定与安全，保障地区和平，目前已经具备而且还将继续出现各种各样的有关建立多边进程和机制的倡议。无论建立什么样的进程和机制，东盟都必须扮演主导角色。东盟不但要积极参加，而且还要成为创造性的倡议者。总之，它必须做得更多"。② 根据该报告的提议，1993 年 7 月在新加坡举行的第 26 届东盟外长会议特别安排了参会代表们对各自关注的地区安全问题广泛地交换意见，由此开启了东盟地区论坛（ASEAN Regional Forum，简称 ARF），这是目前亚太地区唯一的涉及整个地区的多边安全对话机制。

1995 年，东盟在曼谷首脑会议上提出举行东盟与中、日、韩首脑会晤的设想。1997 年年底，首次东盟与中、日、韩（时为"9 + 3"，1999 年柬埔寨加入东盟后成为"10 + 3"）领导人非正式会晤在马来西亚吉隆坡举行。2000 年，会议名称去掉了"非正式"，改称"东盟与中日韩（10 + 3）领导人会议"，之后逐渐固定下来而成为东盟与中日韩合作的基本对话机制。至今，这一框架下，"10 + 3"国家在经济、政治，以及非传统领域的合作日益深入，甚至社会文化领域的合作也逐渐涉及。该机制由此成为一个涵盖

① 曹云华：《建立面向 21 世纪的睦邻互信伙伴关系——评中国加入〈东南亚友好合作条约〉》，载《东南亚研究》2003 年第 6 期，第 6 页。

② ASEAN-ISIS, *A Time for Initiative*, Proposals for the Consideration of the Fourth ASEAN Summit, Kuala Lumpur, ASEAN Institute of Strategic and International Studies, 1991, pp. 8 – 9.

经济和政治领域合作的综合性框架。2001 年，来自 "10 + 3" 国家的 26 位专家组成 "东亚展望小组" 提出了建立 "东亚共同体" 的报告，在此基础上，东盟和中日韩领导人决定扩大 "10 + 3" 领导人会议，接纳其他国家参加进来，召开东亚峰会（East Asia Summit，EAS），使得亚太区域多边合作又多了一个平台，同时也使这一地区多边合作的架构变得更加复杂。

随着东盟地区论坛的开启，亚太地区国家就安全问题加强了沟通交流，各种其他安全政治机制和对话渠道陆续出现。2002 年，英国智库国际战略研究所（International Institute for Strategic Studies，IISS）发起了关于亚洲安全的多边对话——香格里拉对话。至 2013 年，该对话机制已经举办了 12 次会议，邀请了来自亚太地区的 22 个国家的代表与会，为一些关键性的双边沟通对话提供了很好的平台。1993 年朝核危机首次爆发，如何维护朝鲜半岛的安全稳定成为东北亚地区的重大问题。自此，美国和中国这两个大国，与该地区其他相关国家一起，开启了艰难的协调谈判之路。从三方会谈，到四方会谈，再到六方会谈，多边合作一直是该地区国家寻求解决朝鲜核危机、维护东北亚地区安全的有效框架。

第二节　经贸领域的多边合作案例研究

到目前为止，亚太地区经贸领域是相对比较活跃的，主要合作框架有以下几个：（1）涵盖广泛亚太区域的亚太经济合作组织（Asia Pacific Economic Cooperation，APEC）。（2）东盟和以东盟为主导中心的多个合作形式和倡议，例如东盟自由贸易区，东盟与中日韩（"10 + 3"）合作机制，东盟—中国自由贸易区（ASEAN-China Free Trade Area，ACFTA）。（3）大湄公河次区域经济合作。（4）跨太平洋伙伴关系协定（The Trans-Pacific Partnership，TPP）（正在谈判中）。

在上述经济合作框架中，中国和美国都参与的是亚太经济合作组织，中国没有参与而美国发挥主导作用的是跨太平洋伙伴关系协定，东盟与中日韩合作机制则是将美国排除在外。这里，选取这三个多边合作框架作为研究案例。

（一）亚太经济合作组织

1989 年 1 月，澳大利亚总理霍克（Bob Hawke）访问韩国时提出 "汉城倡议"，建议召开部长级会议来讨论加强亚太经济合作问题。经过各方磋商，1989 年 11 月，首届部长会议在澳大利亚首都堪培拉召开，澳大利亚、美国、加拿大、日本、韩国、新西兰和东盟 6 国（马来西亚、泰国、新加坡、菲律宾、印度尼西亚、文莱）的外交部长和经济部长参加了会议，亚太经济合作组织由此成立。1991 年 11 月，亚太经济合作组织第三届部长级会议在韩国汉城举行，中国、中国台北和香港加入；1993 年，墨西哥和巴布亚新几内亚加入；1994 年智利加入；1998 年秘鲁、俄罗斯和越南加入，至此，亚太经合组织的成员增加为 21 个，涵盖了几乎所有沿太平洋国家，之后也再未接纳新的成员。

从组织结构来看，亚太经合组织应该称得上严格意义上的多边合作机制。其成立最初的三年，也就是从 1989—1992 年，召开的会议是非正式的高官会议和部长级会议。1993 年，在美国的倡议下，形成峰会机制。

亚太经济合作组织共有五个层次的运作框架：领导人非正式会议、部长会议、高官会议、各委员会、秘书处。秘书处设在新加坡。①

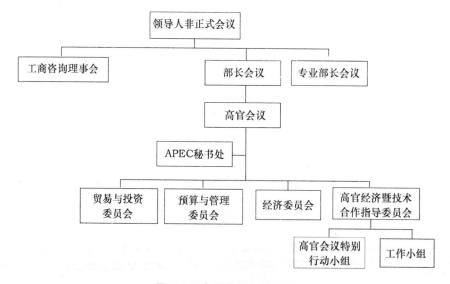

图 1 亚太经合组织结构图

资料来源：APEC AT A GLANCE, 2013。

———————————

① 具体参阅亚太经合组织的网站 http://www.apec.org/。

与其他国际机构相比，亚太经合组织具有鲜明的特点：（1）涵盖的地域范围广，成员的政治文化历史复杂多样，存在着多种政治、经济制度和观念形态。亚太经济合作组织成员从北半球到南半球，地跨亚洲、大洋洲、北美洲和南美洲四大洲，有历史悠久的文明古国，也有现代崛起的工业国家；有主权国家，也有地区经济体；有经济发展居世界领先地位的发达国家，也有正在努力进行建设的发展中国家；有人口超过十亿的国家，也有人口不足几十万的经济体；历史、文化、宗教和习俗也大不相同。（2）鉴于政治经济制度的形态和观念不同，亚太经合组织因此具有一个鲜明的特点——"松散的论坛"。这种松散的特性来源就是成员执行计划的自主自愿原则。比如，成员可以在自愿基础上实现贸易投资自由化，根据自身的经济发展水平和承受能力，自我决定采取的措施和时间表。这个机制内部不设谈判场所和谈判机构，协商的结果也不具有法律效力，领导人作出的承诺公布于各共同宣言和联合声明中，道义和名誉是约束力量。（3）亚太经合组织还是一个主旨为推进成员之间相互合作的框架，贸易投资自由化和经济技术合作被认为是这个组织运行的"两个轮子"。成立二十多年来，亚太经合组织的活动和成就基本上是由这"两个轮子"推动而逐渐发展的。（4）这是一个开放性的机制。其开放性表现在两个方面：一是指亚太经合组织内部的贸易投资自由化成果均适用于非成员；二是指亚太经合组织不仅要减少区域内的贸易和投资障碍，而且要为减少外部的障碍而努力，即为全球贸易投资自由化作出贡献。（5）随着所涉领域逐渐扩大，亚太经合组织开始讨论反恐、贸易安全等议题。2001 年美国反恐战争开始后，在美方推动下，反恐和贸易安全问题逐步在亚太经合组织的议题中占据越来越多的分量。

亚太经济合作组织创立的初衷是推进亚太地区的经济合作，自成立以来，其取得的成就主要表现在着重推动贸易和投资自由化、商务便利化及经济技术合作。

（1）贸易和投资自由化是亚太经合组织第二届领导人会议——1994 年印度尼西亚茂物会议确定的目标，目标确定"发达成员在 2010 年、发展中成员在 2020 年实现贸易和投资自由化"。随后，1995 年 11 月在日本大阪通过的《执行茂物宣言的大阪行动议程》细化了实现目标的方案。《大阪行动议程》提出了实施贸易和投资自由化及便利化目标的原则、各个具体领域及集体行动计划和总的执行框架。1996 年在菲律宾宿务召开的亚太经济合作组织高官会议上，各成员分别提交了实施自由化的单边行动计划，同年 11 月在菲律宾苏比克湾召开的领导人会议上，正式公布了这些计划——《马尼拉行动计划》，并于次年起实行。《马尼拉行动计划》包括成员单边行动计划、集体行动计划，以及亚太经合组织 350 个经济科技合作项目进展情况报告等三个部分。该行动计划旨在促使各成员进一步采取行动，分阶段实现贸易和投资自由化目标。苏比克会议的主要成果是确定了各成员的单边行动计划和集体行动计划，确定各成员实现可持续和均衡发展的义务，从而使贸易和投资自由化目标的实现不只停留在口头上，而是进入实施阶段。1997 年加拿大温哥华会议在贸易投资自由化方面又取得了较为具体的进展。这次会议通过了若干部门提前实现自由化的决定，进一步推动了贸易投资自由化进程。会议强调部门提前自由化的四项原则：在自愿的基础上，坚持茂物会议确定的发达成员和发展中成员分别在 2010 年和 2020 年实现贸易投资自由化的进程，将提高实现自由化的部门压缩到 9 个，1998 年起开始就这些部门进行谈判，计划于 1999 年以前在这 9 个部门中提前实现零关税贸易。① 2010 年，亚太经合组织贸易与投资委员会对茂物目标的进展进行了评审，提交了《亚太经合组织经济体 2010 年茂物目标进展报告》。② 该报告的评审结果认为，自茂物目标确立以来，2010 年接受评审的 13 个经济体及整个地区在贸易和投资自由化和便利化方面取得了重要进展，但同时还有很多领域需要做大量工作。2010 年亚太经合组织第 18 次领导人非正式会议讨论了整个报告并发表了相关声明——《领导人关于茂物目标评审的声明》。声明肯定了各经济体为实现茂物目标所做的努力使亚太地区获得了经济增长的好处，13 个经济体大幅度削减了它们的关税，使平均关税率远远低于世界平均数值的水平，并且在服务贸易方面取得了重大进展，例如，在国际经济协定和自由贸易区，以及地区贸易协定的框架下开展服务贸易合作，双边或地区投资和自由贸易协定的数量翻倍增长——由 1996 年的 160 个增加到 2009 年的 340 个，声明还确定了亚太区域合作的开放性是实现本地区长久经济繁荣的关键。③ 据该组织

---

① 这 9 个部门是：环保技术和服务、能源、医疗器械、玩具、珠宝首饰、化工产品、渔业、林业，以及电讯。

② The Report on APEC's 2010 Economies' Progress Towards the Bogor Goals, Nov. 14, 2010, 参阅网页 http://www.mofa.go.jp/policy/economy/apec/2010/docs/aelmdeclaration2010_e02.pdf。

③ Leaders' Statement on 2010 Bogor Goals Assessment, Yokohama, Japan, Nov. 14 2010, http://www.apec.org/Meeting-Papers/Leaders-Declarations/2010/2010_aelm/bogor-goals-assessment.aspx.

2013 年的报告，该组织成员的平均关税已经由 1989 年的 16.9% 下降到 2011 年的 5.7%。非关税壁垒也在持续下降。①

（2）经济技术合作是亚太经合组织的另一个重要目标，它与贸易投资自由化并列为 APEC 的两个轮子。向发展中成员提供最新科学技术，帮助它们发展经济，不仅是发展中成员的呼声，也符合发达成员的利益，因为它们的经济发展了，市场潜力也会成为现实，从而为发达成员提供更为广阔的市场。经济技术合作包括两方面的内容：一是对贸易和投资自由化和便利化有直接辅助作用的合作，称之为"支持自由化的合作"；二是以实现亚太地区"持续增长和公平发展"，"缩小各成员经济体之间经济发展水平差异"为目的的合作，称之为"持续发展的合作"。②《大阪行动议程》的第二部分把经济技术合作放在与自由化并列和同等重要的位置，并列出了实施合作的 13 个具体领域。1996 年菲律宾宿务会议发表了《亚太经济合作组织加强经济合作与发展框架宣言》，确立了区域内经济技术合作的目标、指导原则和经济技术合作的特点、经济技术合作的主题，以及优先领域。③ 1997 年加拿大温哥华会议决定成立亚太经合组织"高官会议经济技术合作分委会"，统筹协调经济技术合作。这是进一步加强经济技术合作的良好开端。在此会议上，中国提出的关于制定一项《走向二十一世纪的科技产业合作议程》的提议被采纳。

贸易投资自由化和经济技术合作使亚太经合组织在成立的最初几年里不断爆发出新的活力。不过，自愿性和非约束性原则导致这一机制执行功能弱、随意性大、约束力差等特点使得成员相互之间的合作与协调并不尽如人意。

（3）商务便利化是亚太经合组织的另一个目标。1994 年茂物会议批准了授权在贸易和投资委员会下设立"标准与合格认证分委会"以及"海

---

① APEC Secretariat, APEC AT A GLANCE, 2013, available at: http://publications. apec. org/publication-detail. php? pub_ id = 1364.

② 盛斌、李荣林：《APEC 经济技术合作：从框架宣言到具体行动》，载《亚太经济》1998 年第 2 期。

③ Framework for Strengthening Economic Cooperation and Development, 1996 APEC Ministerial Meeting, Manila, Philippines, 22 - 23 Nov. 1996, available at: http://www. apec. org/Meeting-Papers/Ministerial-Statements/Annual/1996/1996_ amm/framewrk_ secd. aspx. 其中，人力资源开发、发展稳定、安全和高效的资本市场、经济基础设施、科学技术、环境保护和中小企业六项被列为优先领域。

关手续分委会"，以求在建立亚太经合组织自己的海关数据联网系统、规范化和简化成员间通关程序、促进商品技术标准和规定的统一化等方面提高效率和降低交易成本。1995 年《大阪宣言》同意《大阪行动议程》所列的一整套根本性原则，并以此指导实现贸易自由化和便利化。这些原则是综合性和灵活性相结合，因为亚太经合组织的发展中成员的经济发展水平落后于发达成员，为适应成员的经济多样性，亚太经合组织区域内的贸易和投资自由化应是渐进式的。为商务便利亚太经合组织成员在改善海关程序、促进商品技术标准化、简化投资手续、协调商业法规和竞争政策、方便国际旅行等方面作出了不少努力。

总之，亚太经合组织运行二十多年来，在逐步实现最初的计划和推进区域经济合作缓慢进行的同时，各成员对其组织方式和发展方向一直存在争论。争论的核心问题，是将亚太经合组织建设成像欧盟或北美自由贸易区那样的紧密型高度机制化的区域贸易集团，还是维持其成立以来那种松散的论坛式特性，或者进行创新？区域经济集团的主要形式是关税同盟和自由贸易区，其主要特点是区域内部成员间相互取消关税及非关税措施等贸易障碍，成员间的优惠不适用于区域外成员。这种对内优惠对外封闭的做法不符合亚太经合组织始终坚持的开放性原则。

实际上，由于成员的复杂性和多样性，亚太经合组织也饱经批评和诟病。首先，作为一种创新的国际经济合作方式，"亚太经合组织方式"（APEC way）的原则是自愿、协商一致和非歧视性。自愿原则决定了亚太经济合作组织的松散性。亚太经合组织究竟能以多快的速度采取行动是有相当局限性的。成员的多样化需要缓慢的、非正式的决策过程，而且在很大程度上取决于自愿。由于担心组织内经济大国在强调"自愿"原则的同时，也强调该组织的"集体"意识，以"实质性多数"强行实施某些符合其自身利益的措施，发展中经济体和中小成员与大经济体成员之间就是否坚持维护"亚太经合组织方式"纷争不断。

另外，亚太经合组织所有会议都是非正式的，不具有法律效力，这是它的独特之处，但也是其缺陷所在。虽然亚太经合组织的目标和原则为各成员所赞同，但在活动内容上却长期存在分歧，如何协调发达与发展中成员的矛盾也将是亚太经合组织面临的另一个重要难题。发展中经济体希望从发达经济体引进新的科学技术，帮助自身经济发展，而发达经济体则希望发展中经济成员开放市场。例如，贸易投资自由化与经济技术合作是亚太经合组织的两大支柱，但是美国、加拿大以及日本等发达经济成员重视贸易投资自由化的进展，忽视经济技术合作。中国、印度尼西亚以及马来西亚等国家希望加强经济技术合作，主张技术贸易自由化是贸易投资自由化的重要组成部分。在活动机制上，亚太经合组织也缺乏一个富有成效的行动机制，来推动自身的进程。随着成员的愿望和要求越来越难以满足，特别是1997年亚洲陷入金融危机时，亚太经合组织对于拯救危机无法采取有力的措施和发挥成员期待的作用，这一机制越来越多地备受诟病，甚至被认为是一个不做实事的"清谈馆"。这种状况导致其自身的发展陷入低潮。

不管受到什么样的批评和诟病，亚太经合组织都是一个完整意义上的多边合作机制，不过，制度建设并不是亚太经济合作组织的根本性的特征。最初，亚太经济合作组织是为地区贸易合作提供的一个平台，促使太平洋地区的经济体来探索共同关心的政策问题。美国克林顿政府以领导人非正式会议的形式将这一组织机制化以后，这一机构取得了意想不到的进展。它不仅为关贸总协定乌拉圭贸易谈判的终结提供了一个替代性和功能性谈判场所，提出区域自由化的规划也使这一组织在很大程度上推进了亚太地区的区域经济一体化。① 亚太经合组织也正在成为亚太地区国家进行沟通和寻求解决地区问题的一个实用工具。

（二）东盟与中日韩合作

这是东盟十国与中国、日本、韩国三国的领导人会议机制，简称为"10＋3"，是东盟于1997年成立三十周年时发起的。在某种程度上，这一合作框架可以说是1997年东亚金融危机催生的产物。1997年，在以索罗斯为主的国际货币投机者的冲击下，泰国、马来西亚、印度尼西亚、菲律宾和韩国等国家的本国货币大幅度贬值，资本大量外逃。金融危机爆发并波及整个东亚之后，亚太经合组织在拯救危机方面没有发挥有效的作用，国际货币基金组织对东亚国家的援助非常有限，并且附加了苛刻的条件，这些因素促使东亚国家试图加强本区域的经济合作，增强区域内危机自救能力。1997年，东盟国家与中、日、韩三国的领导人举行了非正式会晤。

---

① 迈尔斯·卡勒：《从比较的角度看亚太的区域主义》，王正毅译，载《世界经济与政治》1997年第6期。

在 2000 年第四次会议上，会议名称不再使用"非正式"，而改称"东盟与中日韩领导人会议"，之后每年举行一次，由当年的轮值主席国主办，从而初步建立了中、日、韩三国与东盟十国之间进行合作的框架，也被称为"10 + 3"合作框架。"10 + 3"合作框架每年还召开部长会议、高官会议和工作组会议。近年来，"10 + 3"在 20 多个领域建立了 66 个不同级别的对话机制，其中包括外交、经济、财政、农林、劳动、旅游、环境、文化、打击跨国犯罪、卫生、能源、信息通信、社会福利与发展、科技、青年、新闻及教育共 17 个部长级会议机制。

经过 15 年的发展，"10 + 3"合作机制以经济合作为重点，逐渐向政治、安全、文化等领域拓展，已经形成了多层次、宽领域、全方位的良好局面，得到了东亚国家的认同。其取得的成就突出表现在以下两个方面。

1. 金融经济合作

金融合作是"10 + 3"的重点，也是成立的初衷。1997 年金融危机中，国际货币基金组织和以美国为首的西方国家曾经为泰国、马来西亚、印度尼西亚、菲律宾和韩国等遭受危机重创的国家提供援助资金，但是它们附加了苛刻的贷款附加条件，如要求受援国必须采取严厉的紧缩财政政策，削减公共部门支出与征税。它们用规范发达国家的《巴塞尔协议》① 对受援国的金融进行监管和重组等，这些措施不仅未能解决危机初期遇到的问题，反而被认为是加深东亚的危机并使之久久不能摆脱困境的重要原因。② 这种苛刻的附加条件使东亚国家深深意识到区域货币金融合作的重要性和必要性，于是，它们开始探索在区域货币金融方面进行地区性合作的可能性。1997 年 9 月，七国集团与国际货币基金组织（IMF）会议在中国香港召开时，日本提出了成立亚洲货币基金（Asian Monetary Fund，AMF）的建议，以稳定亚洲货币和金融市场，预防危机再次发生。虽然日本的建议遭到国际货币基金组织和美国的激烈反对，也没有引起区域内国家的关注和共鸣，但从此开启了东亚国家进行金融合作的探索之路。1997 年 11 月，亚太经济合作组织在菲

① 《巴塞尔协议》是国际清算银行（BIS）的巴塞尔银行业条例和监督委员会的常设委员会——"巴塞尔委员会"于 1988 年 7 月在瑞士的巴塞尔通过的"关于统一国际银行的资本计算和资本标准的协议"的简称。该协议第一次建立了一套完整的国际通用的、以加权方式衡量表内与表外风险的资本充足率标准，有效地扼制了与债务危机有关的国际风险。

② 陈凌岚、沈红芳：《东亚货币金融合作的深化：从"清迈倡议"到"清迈倡议多边化"》，载《东南亚纵横》2011 年第 5 期，第 36 页。

律宾签署的《马尼拉框架协议》（Manila Framework），就亚洲金融危机后亚洲资金救援机制进行磋商。自此，马尼拉框架小组（Manila Framework Group）每年举行两次会议，由 14 个经济体的财政和央行副手，以及主要国际金融组织的高官参加，主要就地区经济和金融形势的监控、国际金融体系改革的有关问题进行讨论。[①] 2000 年 5 月 6 日，在亚洲开发银行理事会年会期间，"10＋3"的财政部长们在泰国清迈市召开会议，并发表了"10＋3"财长会议联合声明，提出了著名的"清迈倡议"（Chiang Mai Initiative, CMI）。这个倡议是"10＋3"金融合作最重要的成果，被认为是亚洲金融危机后区域内形成的最有效的强化本区域防范风险和应对挑战能力的机制。该倡议决定扩大东盟原有的货币互换网络的资金规模，并号召东盟国家与中日韩三国在自愿的基础上，根据共同达成的基本原则建立双边货币互换协议[②]，以便在一国在发生外汇流动性短缺或出现国际收支问题时，由其他成员集体提供应急外汇资金，以稳定地区金融市场。为了加快"清迈协议"下的双边货币互换的发展，2005 年 5 月，"10＋3"财长会议就强化"清迈倡议"达成共识，把国际货币基金组织的条件性贷款比例从 90% 下调为 80%。"清迈协议"下的双边货币互换协议有所增加。清迈倡议机制的重大进展是在 2007 年 5 月的"10＋3"财长会议上。会议决定成立采取自我管理的区域外汇储备库，将此作为清迈倡议多边化的具体形式，各成员央行分别划定一定数量的外汇储备，建立规模为 800 亿美元的区域外汇储备库。该储备库的基金用于危机条件下对成员的短期流动性支持。2009 年"10＋3"国家召开了一系列金融合作会议，清迈倡议多边化计划开始贯彻。5 月 3 日，"10＋3"财长会议在印度尼西亚巴厘岛召开，各方就筹建中的区域外汇储备库的规模，以及份额分配、出资结构、贷款额度、决策机制和经济监测机制等主要要素达成共识。2010 年 3 月 24 日，"10＋3"财长和央行行长以及中国香港金融管理局总裁共同宣布清迈倡议多边化协议正式生效。外汇储备库的总规

---

① Dilip K. *Das, Asian Economy and Finance: A Post-Crisis Perspective*, Springer, 2005, p. 244.

② "清迈倡议"提出建立"10＋3"双边货币互换安排一般采用美元与当地货币的互换和两种当地货币的互换。借款国可以用增印的本国货币购买美国国库券作为担保来借入协议缔结方的外汇资金。回购协议则是通过卖出适当的证券，在约定的未来某一时刻再买回原先证券的短期流动性支持设施。在"清迈倡议"框架内，在每一项双边货币协议下可以借入的最大资金额由缔结协议的双方商定。但又规定借款国可以即刻无条件提取的借款不得超过互换协议商定的最大互换金额的 20%，互换期为 90 天，可以延期 7 次，共 630 天。其余的借款必须同国际货币基金组织向借款国提供的贷款一起支付，因此，它要受到国际货币基金组织贷款条件的限制。

模为 1200 亿美元，其核心目标是解决区域内国际收支和短期流动性困难，对现有国际融资安排加以补充，并通过货币互换交易，向面临国际收支和短期流动性困难的参与方提供资金支持。为了确保"清迈倡议多边化"下外汇储备库的正常运行，2010 年 5 月 2 日，"10 + 3"财长在乌兹别克召开了第十三届会议，宣布成立"10 + 3"宏观经济研究办公室（ASEAN + 3 Macro-economic Research Office，AMRO），其主要职能是对地区经济进行全面的研究、评估和监管，以支持"清迈倡议多边化"。2010 年 10 月底，"10 + 3"领导人会议召开，提出进一步加强东亚地区的金融合作和稳定，以应对后危机时期对东亚经济的挑战，并进一步明确加快外汇储备库的建设进程。宏观经济研究办公室的办公地址选在新加坡，自 2011 年 5 月正式开始工作。从 2007 年第十届财长会议提出"自我管理的外汇储备库安排（SRPA）"到 2010 年"清迈倡议多边化"的实施，再到外汇储备库的建立和良好运行，以及宏观经济研究办公室的成立，原本松散的双边援助体系提升为较为紧密的多边资金救助机制，在推进东亚地区货币金融合作走向深化的同时，拓展了该地区的融资渠道。从"清迈倡议"到"清迈倡议多边化"表明，东亚"10 + 3"货币金融合作迈上了一个新台阶，进一步走向深化。[①] 清迈倡议多边化的成功开启，外汇储备库的诞生对深化本区域金融合作，提高区域金融危机自救能力具有重要的意义。

但是，由于机制化功能较弱，谈判、签约和启动的程序较为复杂，而且规模小，区域化金融合作目前只是取得了一些阶段性成果，在外汇储备库的建立过程中有些问题尚未达致共识，清迈倡议防范金融危机的作用仍然有限，其运行、发展和未来走向值得关注。

另外，"10 + 3"在推进亚洲债券市场发展和建立东亚自由贸易区方面也都提出了建议和计划。2003 年由泰国提出亚洲债券市场发展倡议（AB-MI），其宗旨是发展本地区债券市场，促进亚洲储蓄投资于本地区，为本地区经济发展服务。目前有四个工作组正在开展有关债券发行、改善投资环境和融资融券市场、促进监管、完善市场基础设施工作等方面的研究。[②] "10 + 3"框架下的自由贸易区由"东亚展望小组"的报告提出，是构想

---

① 陈凌岚、沈红芳：《东亚货币金融合作的深化：从"清迈倡议"到"清迈倡议多边化"》，载《东南亚纵横》2011 年第 5 期，第 39 页。

② 具体内容参阅中国财政部网页：http://www.mof.gov.cn/zhuantihuigu/12jiecaizhenghui/caijinghezuochangshi/200904/t20090429_138273.html。

中的东亚共同体的一部分。但是，由于种种原因，各成员经济体对东亚自由贸易区的基本概念和运作机制目前并未达成最终共识。

2. 高政治合作

虽然"10＋3"机制最初是为了应对金融危机而生，然而，各国领导人在会议上频繁的交流，就东亚地区的发展和未来也达成了一定的共识，其中将东亚共同体的建设作为东亚合作的长期目标就是最明显的例子。2007年，"10＋3"成立十周年之际，在新加坡召开了第11次东盟与中日韩领导人会议。会议通过了第二份《东亚合作联合声明》。声明强调了"10＋3"在东亚共同体建设中的主渠道地位，确认了东盟是东亚合作进程的主要驱动力量。该声明从五个方面规划了未来十年的合作，即政治安全合作、经济金融合作、能源气候和可持续发展合作、社会文化发展，以及制度支持。2009年召开的第12次领导人会议就东亚共同体建设的主渠道达成了一致。会议发表的《主席声明》明确指出："各国领导人重申将'10＋3'机制作为实现东亚共同体长期目标的主要载体，由东盟在其中发挥主导作用。"①2010年10月在越南召开的第13次"10＋3"会议上，与会领导人再次肯定并表示全力支持"10＋3"作为东亚共同体建设主渠道，肯定了东盟作为东亚合作主导力量的地位，并提出各国应采取切实的政治措施，推进相关经济领域的合作，例如贸易、投资、交通和运输基础设施，以及粮食安全等。2011年领导人会议再次强调"10＋3"国家必须务实合作，认真落实已达成的共识，支持东亚国家加快地区一体化的步伐，认为这将是推动东亚地区内生增长和促进本地区经济可持续、健康发展的途径之一。②

另外，在保证以金融货币合作为中心的同时，"10＋3"机制的功能不断扩展，能源安全、粮食安全和社会文化方面的合作也不断取得进展和突破。

（三）跨太平洋合作伙伴协定（Trans-Pacific Partnership，TPP）

跨太平洋合作伙伴协定最早源于一个三国协定。③ 2002年10月，在墨

---

① 2009 Chairman's Statement of the 12 th ASEAN Plus Three Summit Issued at the 12th ASEAN Plus Three Summit in Chaam Hua Hin, Thailand, Oct. 24, 2009.

② 魏玲主编：《东亚地区合作2010》，经济科学出版社2011年版。

③ 这个三国协定实际上是建立在2001年1月开始生效的新加坡和新西兰紧密伙伴关系（Zealand/Singapore Closer Economic Partnership，NZSCEP）基础之上。P3和P4启动之后，新协定仍然有效。

西哥洛斯卡沃斯（Los Cabos）举行的亚太经合组织领导人非正式会议期间，智利、新西兰和新加坡三国的首脑们宣布签订"太平洋三国更紧密经济伙伴协定"（The Pacific Three Closer Economic Partnership，P3 CEP），目的是提高综合贸易谈判标准，促进亚太地区的贸易自由化。三国协定的第一轮谈判于2002年9月在新加坡举行，但是，由于国内私有企业的原因，智利在当年年底暂时中止了谈判。2004年年中，智利总统拉各斯（Ricardo Lagos）访问新加坡和新西兰，谈判得以继续进行。三国于2004年8月和2005年4月又进行了两轮谈判。在第二轮谈判时，文莱作为观察员于2005年4月正式加入谈判。① 四国签署的跨太平洋战略经济伙伴协定（Trans-Pacific Strategic Economic Partnership Agreement，TPSEPA，也称为P4）于2006年5月正式生效。根据协定，成员之间彼此承诺在货物贸易、服务贸易、知识产权，以及投资等领域相互给予优惠并加强合作。协议采取开放态度，欢迎任何亚太经合组织成员参与，非亚太经合组织成员也可以参与。该协议的重要目标是建立自由贸易区。2008年2月，美国宣布加入，并于当年3月、6月和9月就金融服务和投资议题举行了三轮谈判。2009年11月，美国正式提出扩大跨太平洋伙伴关系计划。② 此后，美国推动它以《美韩自由贸易协定》（U. S. - Korea Free Trade Agreement，KORUS FTA）为范本，成为涵盖从投资到环境标准，从劳工标准到知识产权，以及政府行为和新兴产业如国有企业、中小型企业等方方面面的贸易协定。③

至2013年，有12个经济体参加了谈判，分别是新加坡、文莱、智利、新西兰、美国、澳大利亚、秘鲁、马来西亚、越南、日本、加拿大和墨西哥，另有一些国家表示有意愿加入，如泰国、菲律宾、哥斯达黎加、哥伦比亚等。截至目前，中国尚没有受邀加入谈判。随着成员经济体的不断增加，跨太平洋战略经济伙伴协定将形成约八亿人口的市场，占全球经济约四成，规模比有27个成员的欧盟还要大。TPP涵盖的知识产权④、环境和

---

① TRANS-PACIFIC STRATEGIC ECONOMIC PARTNERSHIP AGREEMENT NATIONAL INTEREST ANALYSIS, Jul. 2005, prepared by the Ministry of Foreign Affairs and Trade (New Zealand), in consultation with other government departments, available at: http: //www. mfat. govt. nz/downloads/trade-agreement/transpacific/transpacific-sepa-nia. pdf.

② "The United States in the Trans-Pacific Partnership", available at: http: //www. ustr. gov/about-us/press-office/fact-sheets/2011/november/united-states-trans-pacific-partnership.

③ Bernard K. Gordon, "Trading Up in Asia", *Foreign Affairs*, Jul. /Aug. 2012, pp. 17 - 22.

④ 2011年3月11日，美国拟定的《协定》知识产权内容草案在网上出现，参阅网页 http: //www. bilaterals. org/IMG/pdf/tpp - 10feb2011 - us-text-ipr-chapter. pdf。

劳工标准特别高，这是与其他贸易协议最明显的区别。正如亚太经合组织一样，跨太平洋战略经济伙伴协定虽然并不是美国动议的计划，但是得到了奥巴马政府的积极推动。虽然跨太平洋战略经济伙伴协定表面上是一个贸易谈判计划，但是，奥巴马政府把它纳入了正在调整的东亚战略，而且急于以美国的意志推进谈判进程。然而，美国的立场并未得到亚洲谈判成员的支持。当2013年8月日本加入谈判之后，并没有与美国站在一起，而是扮演一个中立者的角色，也力图寻求在谈判中的主导地位。至2013年9月，12个参与成员已经举行了19轮谈判。① 马来西亚和新加坡都反对美国急于结束谈判的要求。②

　　跨太平洋战略经济伙伴协定的目标是建立百分之百的自由贸易区。其途径是通过区内成员一对一的谈判最终达成协议。目前加入的成员谈判的核心议题主要包括商品贸易、服务贸易、农业、原产地原则、国外投资、知识产权、劳工、环保等（参见表2）。与亚太经合组织相比，跨太平洋战略经济伙伴协定具有更加实际和具体的目标。在促进自由贸易方面，跨太平洋战略经济伙伴协定有可能绕过亚太经合组织，在区域内建立起一个自由贸易组织。首先，跨太平洋战略经济伙伴协定被明确定位为一个横跨太平洋东西两岸的区域贸易安排，在规模上有超越亚太地区现有任何贸易协定（FTAs/RT As）的发展潜力，从而有可能在覆盖地区上和亚太经合组织形成高度的重叠，这无疑会进一步削弱亚太经合组织在亚太区域经济合作进程中的引领地位。其次，跨太平洋战略经济伙伴协定作为一个新兴的贸易集团，会吸引更多的成员努力寻求加入该集团，以避免因边缘化而带来的损失。这一趋势不仅会削弱亚太经合组织成员的凝聚力，而且还会造成各成员贸易地位与谈判能力的不平等，这对于以平等协商为基础推进的亚太经合组织合作进程是不利的。

---

① 2013年9月10日，韩国宣布加入谈判，这样，目前参加谈判的成员增加到13个。

② Iwasaki Hiraku and Akihiro Okada, "US Stance on TPP Criticized", *Yomiuri Shimbun*, Aug. 25, 2013.

表2　　　　　　　　　　　TPP 谈判的核心议题和进展*

议题		进展
贸易	商品贸易	TPP 将针对已经谈判过的11000余种商品设置取消关税的时间表 2011 年11月的檀香山会议上，参与谈判的贸易部长宣布将尽力达成商品免税准人的目标 谈判争议的内容主要是一些劳动密集型产品，如纺织品
	服务贸易	在服务贸易上，美国倾向于采用"否定列表"（negative list system），除非明确规定保留项目，其他所有部门一律开放，同时未来开放的部门也将自动开放 奥巴马政府将关于服务贸易的创新视为 TPP 谈判的重要部分
原产地原则		谈判小组寻求达成一个单一的 TPP 原产地原则 美国主张将敏感产品实行保护主义性质的原产地原则，例如对于纺织品，美国坚持执行"纺纱前沿"（yarn-forward）的方式，要求从面纱开始，服装制作的全过程必须在 TPP 成员加工
劳工		劳工谈判是 TPP 的专门议题 美国希望 TPP 谈判国执行 1998 年国际劳工组织出台的《关于工作中的基本原则与权利宣言》 美国希望 TPP 谈判国在出口加工区实施国家劳工法
环境		在禁止谈判国通过降低环境标准来吸引投资方面，力求达成一个可行的、有约束力的协议 设立争端解决程序 承诺不从事非法的采伐与贸易，濒危物种贸易，以及有害渔业补贴 美国要求禁止"违反国家保护野生动物、森林和海洋生物资源法律"的贸易
知识产权		在药品专利权、版权等问题上，谈判国存在分歧 美国要求谈判国签署《世界知识产权组织表演和录音制品条约》（WIPO Performances and Phonograms Treaty，WPPT）
国外投资		议题涉及外国投资和投资者非歧视性待遇，最低待遇标准，土地征用规则和争端解决程序 美国力图说服谈判国接受《投资者与国家争端解决条款》（Investor-State Dispute Settlement，ISDS）
竞争		议题涉及创造竞争性的商业环境，保护消费者利益，确保为 TPP 企业创造公平竞争环境等 美国提出在涉及融资、监管和透明度等问题上，要保证国有企业没有被给予不公平的竞争优势
农业		议题内容主要涉及乳制品、牛肉、糖类和大米等敏感产品的市场准入问题。美国农产品出口补贴是谈判的主要障碍之一，并且反对将澳大利亚的蔗糖和新西兰的奶制品纳入谈判议题 针对与美国签订了 FTA 协定的谈判国，美国希望与之继续维持双边自由贸易协定，而尚未与美国签订 FTA 的国家，美国欲积极与之进行双边谈判

资料来源：作者根据资料整理。

*为了缩小表格空间，此表使用的专业名词均为英文缩写。

第三节　政治与安全合作案例研究

东亚合作的另一条轨道是政治和安全合作。目前来看，这条轨道呈现了更加多样化的特点，但效率低而缓慢。目前合作形式主要包括：东盟地区论坛（ASEAN Reginal Forum，ARF）、东盟共同体（ASEAN Community）、六方会谈（Six-Party Talks）、东亚峰会（East Asian Summit，EAS）、香格里拉对话（Shangri-La Dialogue，SLD）、中日韩领导人会议。① 另外，还有一些处于提议中但并未实现的机制，例如旨在解决东北亚问题的东北亚地区论坛（Northeast Asia Regional Forum）等。

相对于经济多边合作而言，中美共同参与的政治安全框架稍显宽泛。东盟地区论坛，六方会谈，东亚峰会和香格里拉对话，中美两国的高层人员每年都能在这些平台上会面，有机会进行沟通对话。

（一）东盟地区论坛

东盟地区论坛创办于 1994 年，但亚太地区的安全合作实际酝酿于数年前。冷战后，在 1989 年东盟外长后续会议上，菲律宾外长劳尔·曼格劳普斯（Raul Manglaupus）首次提出东盟安全合作概念。② 该论坛的成立还有一个背景，就是 20 世纪 90 年代初期，美国从菲律宾撤军，东盟国家认为失去了安全屏障。同时，西方提出的中国威胁论使它们对本区域的安全充满不确定的认识，并产生了安全恐惧。东盟地区论坛由东盟主导，纳入了一些区域内非东盟国家（中国、日本、美国、欧盟、俄罗斯、澳大利亚、加拿大、新西兰、韩国、朝鲜、印度、巴基斯坦、蒙古、巴布亚新几内亚、东帝汶和斯里兰卡等国），旨在共同探讨政治和安全问题，以建立政治和安全合作关系。其目的就是通过多边对话，建立信任措施，发挥"斡旋"作用，缓和地区大国之间的关系，避免大国对抗使东盟陷入选择的困境。

---

① 很多人因为上海合作组织（SCO）包括了中国，所以把上海合作组织也列入，本研究不拟纳入对这一组织的分析。

② Philippine Ambassador Raul Ch. Rabe to the National Press Club Morning Newsmaker Press Conference，Washington DC，July 14，1994，转引自 Larry M. Wortzel，*The ASEAN Regional Forum*：*Asian Security Without An American Umbrella*，DIANE Publishing，1996，p. 12。

1992 年，东盟峰会发表了宣言，号召东盟"通过运用在东盟和对话伙伴之间的东盟部长扩大会议，加强在政治和安全事务中的外部对话"①。1993 年，东盟各国外交部高级官员和其对话伙伴聚集在新加坡，首次对政治和安全事务进行了讨论。在 2001 年 7 月召开的第八届东盟地区论坛外长会上通过了《东盟地区论坛预防性外交概念与原则》文件，认为东盟地区论坛进程应该分为建立信任措施、开展预防性外交和探讨解决冲突方式三个阶段。

1996 年的第三届东盟地区论坛外长会，东盟地区论坛首次发挥其协调大国关系的作用，确切地说协调了中美关系。这次会议召开之际，正值东亚地区政治安全形势变幻多端之时。美国和日本将中国列为潜在的防范对手，开始调整相互间安全保障关系；美国批准李登辉访美导致中美两国关系和两岸局势骤然紧张；与此同时，中俄和中亚国家之间开始谋求建立战略协作伙伴关系；中印之间也努力寻求稳定两国边界地区的形势。在这种错综复杂的局势下，东盟地区论坛以其地区安全框架，突出地发挥了直接和间接协调大国关系的作用。会前会后，日本代表力图使中国理解日美安全同盟并不针对中国，而美国国务卿克里斯托弗（Warren M. Christopher）则通过与中国外长钱其琛的会谈，增加了相互理解，并确定了一系列高层互访，进一步推进双方关系向积极方向发展。②

2001 年美国"9·11"事件之后，东盟地区论坛拓展了许多新的议题，涉及防扩散、救灾、海上安全、网络安全等非传统安全领域的问题。2002 年，东盟地区论坛的系列会议都以反恐为重点议题，对反恐执法、边防和出入境检查、民航和大型国际活动的保安工作、组织联合反恐行动及对易爆物品的控制等问题进行探讨和交流。4 月 17 日，泰国和澳大利亚联合主办了东盟地区论坛首次反恐工作会议。2009 年 7 月 1—3 日，由中国、美国、新加坡共同主持的东盟地区论坛（ARF）首次防扩散与裁军会间会在北京举行。

但是，参与该论坛的成员过于独立和敏感，这使得论坛基本上流于形式。例如，2003 年，朝鲜半岛局势恶化，第 10 届东盟地区论坛外长会讨

---

① 参阅网页 http：//www. aseansec. org/5120. htm。
② 双方确定了克里斯托弗 11 月访华，中国国防部长迟浩田访美，以及双方建立贸易、科技和经济问题三个双边委员会。

论朝鲜半岛安全问题，然而朝鲜拒绝参加。[①] 2009 年，在泰国召开的第 16 届东盟地区论坛外长会上，朝核问题成为关注点，六方会谈的五方积极磋商，却不见朝鲜代表的回应。之后，在东盟地区论坛的几次会议上，朝鲜甚至与美国和韩国展开了交锋。在解决朝鲜半岛安全方面，东盟地区论坛没有发挥实质性的作用，反而成为各方为了维护各自利益而进行外交竞争的场所。在南海问题上也是如此。1995 年 2 月第二届东盟地区论坛部长会上，菲律宾就公开提出南海问题，欲联合其他相关东盟国家向中国施压。但是，正式会议没有将南海问题纳入日程。[②] 2002 年，菲律宾、越南、印度尼西亚、马来西亚等东南亚国家和中国签署了《南海各方行为宣言》，目的是增加中国与东盟国家之间的互信，保持在南海问题上的沟通。然而，2010 年，在越南河内举行的东盟地区论坛第 17 届外长会上，美国国务卿希拉里公开表示"南海问题涉及美国利益"，随着美国的介入，南海局势持续升温，东盟也加大了介入南海问题的力度。2012 年 7 月，在柬埔寨召开的东盟外长会议由于在南海问题上存在分歧而未能发表联合公报。

东盟地区论坛除对地区热点问题进行讨论外，还确定了一系列重点合作领域，为促进各国理解信任、应对非传统安全威胁发挥了重要作用。

（二）香格里拉对话

香格里拉对话是由英国智库国际战略研究所（IISS）发起的，在新加坡政府的支持下，于 2002 年开始举办的亚洲安全会议。首次正式会议在新加坡香格里拉饭店举行，因而得名。会议的主要形式是由各参与方国防部门高官进行对话。截至 2013 年 6 月，对话已经进行了 12 次。这是亚太地区唯一能将各国防务部门高官聚集在一起讨论防务问题和区域安全合作问题的机制。

2002 年 5 月 31 日至 6 月 2 日，首届亚洲安全会议在新加坡的香格里拉饭店举行，总共 22 个国家的代表出席了会议，其中澳大利亚、英国、印度、印度尼西亚、日本、马来西亚、新西兰、菲律宾、新加坡、韩国和泰国等 11 个国家派国防部长参加了会议，中国则派人民解放军总参外

---

① 朝鲜 2000 年成为东盟地区论坛成员。

② Rodolfo Severino, *The ASEAN Regional Forum*, Institute of Southeast Asian Studies, 2009, pp. 57 – 58.

事局局长参加会议，美国派国防部副部长保罗·沃尔福威茨（Paul Wol-fowitz）参加会议。2004 年，国际战略研究所在新加坡设立亚洲办公室，由提姆·赫胥黎（Tim Huxley）担任主任，推动香格里拉对话成为真正的亚洲安全协商机制。2006 年，17 个国家的国防部长参加会议。2008 年有 27 国国防部长参加会议。2009 年有 27 个国家派遣代表，350 多人参加会议。2011 年的会议共有 1 位总统、2 位总理、1 位副总理和 21 位防长或副防长出席。2012 年的香格里拉对话在 6 月 1 日—3 日举行，共有来自 27 个国家的 351 人受邀出席。从其发展的历史看，每年的会议规模、议题和层次都有新的变化。

创立十多年来，与亚太经合组织等亚洲地区其他多边框架对比，香格里拉对话形成了以下类似特征：第一，开放性。香格里拉对话没有对参会代表的资格和议题进行明确限制，各国国防部、外交部的代表、民间研究机构的专家学者和商界人士都可以参加。会议议题也非常广泛，既涉及传统安全领域，又涉及广泛的非传统安全领域；既涉及战略层面的问题，又涉及众多具体领域的合作问题。第二，松散性。香格里拉对话没有常设机构，不设固定的秘书处，也没有专职工作人员，结构相当松散，有全体参会代表参加的大会和主题演讲，也有部长级的双边和多边会谈。第三，包容性。香格里拉对话为部长和国家安全顾问们阐明和宣传各国政府的亚太政策提供了机会，为他们阐明本国亚太多边安全合作的战略构想和基本立场提供了平台，增强了对话的透明度，有助于消除因缺乏沟通而导致的国家之间的猜忌和敌意，促进建立信任。第四，非正式性。香格里拉对话发起者是非官方的研究机构，但参会者以政府成员为主，同时，一些学界和非政府组织的代表也可以积极参与，成为独具特色的"一轨半"外交。

香格里拉对话是一个明显的多边安全对话框架，但是会议期间的双边短暂互动为一些关键性的双边沟通对话甚至签署协议提供了很好的平台，这点作用与亚太经合组织类似。值得注意的是，与东盟地区论坛相比，香格里拉对话的参与人员突出防务部门的官员，并且层次比较高。新出现的东盟防长扩大会议在议程和参与者方面与香格里拉对话相互重叠的部分较多，但其讨论的主要是非传统安全议题。

总而言之，香格里拉对话的存在为东亚多边安全合作拓展了机遇，同时也造成了区域内多种框架竞争之势。这些竞争对于建立健全东亚安全措施一方面有促进作用，另一方面也有相互牵制彼此的作用，阻碍彼此向成熟的机制化发展。近年来，由于参加者的层次越来越高，涉及的安全问题越来越具体敏感。

（三）东亚峰会

2005 年东亚峰会的召开是亚太政治一体化进程的里程碑。2005 年 12 月 14 日，首届东亚峰会（EAS）在马来西亚首都吉隆坡召开，意味着本地区又诞生了一个新的高层次合作对话平台。

东亚峰会的构想，最初是由时任马来西亚总理的马哈蒂尔在 2000 年于新加坡举行的"10＋3"领导人会议上提出的，并得到了新加坡总理吴作栋的支持。2001 年，第五次"10＋3"领导人会议正式通过了东亚展望小组报告，建议推动"10＋3"领导人一年一度的会议向东亚峰会过渡。马来西亚提出由其主办首届东亚峰会。2004 年底，"10＋3"领导人在老挝万象决定，将于 2005 年在吉隆坡召开首届东亚峰会。2005 年 12 月 14 日，首届东亚峰会在马来西亚首都吉隆坡举行，来自东盟十国和中国、日本、韩国、印度、澳大利亚和新西兰六国的政府首脑与会。因此，东亚峰会又被称为"10＋6"机制。2011 年 11 月 19 日，第六届东亚峰会在印度尼西亚巴厘岛举行，美国和俄罗斯首次以东亚峰会正式成员身份参加峰会，东亚峰会机制也由此从"10＋6"扩大到"10＋8"。

有人认为，东亚峰会机制的形成表明东亚向一体化又迈了一大步，峰会的召开是"新亚洲"要出炉的黎明时刻。[①] 东亚峰会目前已经举办了八届（参见表 3）。在第一次会议之前，关于哪些国家将参与峰会有过激烈的讨论。峰会尚未建立正式的各领域和各层级支撑机制，主要通过外长及高官会晤讨论峰会合作，就未来发展方向交换意见。因此，峰会未来仍面临很多不确定性。

然而，与该地区其他框架趋同的是，东亚峰会除了为各成员领导人提供沟通的平台这一功能外，也不具备约束力。2011 年，美国和俄罗斯第一次参会。峰会的未来还不确定，大国在这个平台上就已展开了竞争。

---

① "Leaders：Time to Talk；The East Asia Summit"，*The Economist*，Dec 10，2005，Vol. 377，p. 16.

表3　　　　　　　　　　　　历届东亚峰会

	时间	地点	内容	结果
第一届	2005 年 12 月	马来西亚吉隆坡	领导人就经贸、金融、能源及跨国问题交换了意见，提出 17 项具体领域合作倡议	签署了《关于东亚峰会的吉隆坡宣言》，发表了《关于预防、控制和应对禽流感的东亚峰会宣言》
第二届	2007 年 1 月	菲律宾宿务	领导人主要讨论了峰会初步确定的五大重点合作领域（能源、金融、教育、禽流感和减灾），就峰会未来发展交换了意见	领导人签署了《东亚能源安全宿务宣言》
第三届	2007 年 11 月	新加坡	领导人主要讨论了能源、环境、气候变化和可持续发展问题，就东亚峰会未来发展交换了看法	领导人签署了《气候变化、能源和环境新加坡宣言》
第四届	2009 年 10 月	泰国华欣	领导人就应对国际金融危机、气候变化、灾害管理、粮食和能源安全等问题交换了看法	《东亚峰会灾害管理华欣声明》
第五届	2010 年 10 月	越南河内	领导人重点就东亚峰会发展方向、经济复苏与可持续发展等问题交换了看法，一致同意吸纳俄罗斯、美国加入东亚峰会	会议发表了《东亚峰会五周年纪念河内宣言》
第六届	2011 年 11 月	印度尼西亚巴厘岛	领导人主要讨论了东亚峰会未来发展、重点领域合作，就应对国际金融危机、地区和国际问题交换意见	会议发表了《东亚峰会互利关系原则宣言》和《东亚峰会关于东盟互联互通的宣言》
第七届	2012 年 11 月	柬埔寨金边	领导人重点就东亚峰会机制未来发展及国际与地区问题等交换意见	发表了《金边发展宣言》和《关于疟疾防控和应对疟疾抗药性区域合作宣言》
第八届	2013 年 10 月	文莱斯里巴加湾	东亚峰会未来发展方向，重点领域合作、国际地区问题	《东亚峰会关于粮食安全的宣言》

资料来源：作者根据资料整理。

（四）六方会谈

六方会谈是指由朝鲜、韩国、中国、美国、俄罗斯和日本六国共同参与的旨在解决朝鲜核问题的一系列谈判。会谈于 2003 年 8 月 27 日开始，到 2007 年 9 月 30 日为止，共举行过六轮会谈。迄今，会谈并没有形成一个固定的机制。

会谈的主要目标是实现朝鲜半岛无核化，同时也纳入了援助朝鲜和东北亚经济合作的议题。在每一轮六方会谈中，各方都提出了鲜明的主张，取得进展和成果，但最终没有实质性的突破。随着朝鲜领导层的变化，这一多边框架的进程反而停滞。

2003年8月27—29日，第一轮六方会谈在北京钓鱼台国宾馆举行。在这次会谈中，各方认真全面地阐述了各自的原则立场和方案设想。首轮六方会谈达成了以下共识：六方都愿意致力于通过对话以和平方式解决朝鲜半岛核问题，维护半岛和平与稳定，开创半岛持久和平；主张半岛应无核化，同时也认识到需要考虑和解决朝鲜在安全等方面提出的关切；主张保持对话、建立信任、减少分歧、扩大共识；同意继续六方会谈的进程。2004年2月25—28日，第二轮六方会谈在北京钓鱼台国宾馆举行。该轮会谈首次以书面文件形式确定会谈的成果，增强了继续和谈的信心，加快了和谈进程，确保下一轮会谈如期举行；成立工作组，促进朝美双方乃至朝日、朝韩等各方之间的沟通。同年6月23—26日，第三轮朝核六方会谈举行。这次会谈取得了五点进展：各方都提出了解决问题的方案和设想，各方授权工作组尽早开会，具体确定以无核化为目标的第一阶段措施的范围、期限、核查以及对应措施，并以适当的方式，向第四轮六方会谈提出建议。2005年7月26日，开始了第四轮朝核六方会谈，这次谈判的时间比较长，并且分两个阶段。第一个阶段为7月26日到8月7日，第二个阶段为从9月13日到19日。这次会谈促成了一份共同声明的诞生，即《第四轮六方会谈共同声明》。在声明中六方一致重申，以和平方式实现朝鲜半岛无核化是六方会谈的目标，承诺根据《联合国宪章》宗旨和原则，以及公认的国际关系准则处理相互关系，通过双边和多边方式促进能源、贸易及投资领域的经济合作，共同致力于东北亚地区持久和平与稳定。第五轮谈判于2005年11月启动，至2007年2月结束，分为三个阶段，彰显了谈判愈来愈艰难。第一阶段是从2005年11月9日至11日，朝鲜与美国在会谈中相互指责，朝鲜威胁退出会谈。第二阶段是从2006年12月18日至22日，没有达成任何实质性的共识，只是重申各方将认真履行"9·19"共同声明，根据"行动对行动"原则，尽快采取协调一致步骤，分阶段落实共同声明。第三阶段自2007年2月8日至13日，通过了《落实共同声明起步行动》文件，也称为"2·13"共同文件。根据这份文件，六方会谈似乎取得了实质性的成果。首先，以最终废弃为目标，朝方关闭并封存宁边核设施，包括后处理设施。首次提出朝鲜核设施"去功能化"概念，规定朝鲜对其所有核计划进行全面申报，将包括石墨慢化反应堆及后处理厂在内的一切现有核设施去功能化。其次，朝方与美方将开始双边谈判，旨在解决悬而未决的双边问题并向全面外交关系迈进。美将启动不再将朝列为支恐国家的程序，并将推动终止对朝适用《敌国贸易法》的进程。更为重要的是，六方同意设立下列工作组：朝鲜半岛无核化工作组；朝美关系正常化工作组；朝日关系正常化工作组；经济与能源合作工作组；东北亚和平与安全机制工作组。工作组的责任是讨论制定各自领域落实共同声明的具体方案。2007 年 3 月 19 日，第六轮朝核问题六方会谈启动。会谈中间曾经休会，直到 10 月 3 日，会议制定并通过了《落实共同声明第二阶段行动》共同文件。这次会议听取并肯定了五个工作小组的报告，确认 "2·13" 共同文件规定的初步行动落实情况，同意根据各工作组会议达成的共识，继续推进六方会谈进程，并就落实 "9·19" 共同声明第二阶段行动达成共识，旨在以和平方式实现朝鲜半岛无核化，并促进朝美、朝日等有关国家关系正常化。同时，贯彻 "2·13" 共同文件规定，对朝提供经济能源援助。

然而，就在会谈朝着积极的方向迈进之际，朝鲜 2009 年宣布退出朝核问题六方会谈，并将按原状恢复已去功能化的核设施。4 月 5 日，朝鲜宣布成功发射了 "光明星 2 号" 试验通信卫星。此举遭到联合国安理会的 "谴责"，联合国对此通过一项主席声明，要求朝鲜不得进行进一步的发射活动。在此情形下，朝鲜宣布 "绝对不再参加六方会谈"，并且 "不再受六方会谈达成的协议的约束"。自此，朝鲜在核问题方面坚持强硬立场，拒绝恢复六方会谈。朝鲜将继续发射各种卫星和远程导弹，将进行高水平核试验。朝鲜的声明和韩国对此作出的反应激化了朝鲜半岛局势。2009 年 3 月 30 日，朝鲜宣布朝韩关系进入战时状态，所有朝韩问题根据战时状态来处理。4 月 2 日，朝鲜又宣布将重启宁边石墨减速反应堆。韩国方面则表示将 "第一时间应对" 朝鲜发起的任何挑衅。在这种紧张的态势下，六方会谈一直没有能够重启。

但是，在最近的一年里，朝鲜的立场又发生了变化。2013 年 5 月 24 日朝鲜最高领导人特使崔龙海在人民大会堂向中国国家主席习近平递交了金正恩的亲笔信，他在与习近平总书记会谈时表示朝方愿意重启六方会谈。

六方会谈的目的是解决朝鲜核危机。然而，参与会谈的美、中、俄、日、韩作为地缘的邻近国，难免不基于各自的地缘政治考虑，这是促成六方会谈的一个重要原因，也是导致六方会谈无法突破的原因。关于六方会谈进程，存在一种合理的批评，即认为六方会谈几乎只关注于形式而非内容。但是，恰恰是当前开展六方会谈的这种方式或形式，带来了这样一种期待，即当前会谈最后的成功可能会发展成为一种东北亚安全对话的机制。①

结语：亚太多边合作的困境、特点和未来发展

目前为止，东亚一体化路径的选择已经出现多种形式。从这些机制或框架的目标和结果来看，东亚一体化的路径选择虽然不时地出现新现象，给予区域内各国在经贸和安全合作等方面新的希望，同时，也因各种合作框架相互重叠和牵制，这些路径也可以说陷入了矛盾性的困境。这些困境主要体现在以下几个方面。

（一）开放性与封闭性

从严格的地理定位上来讲，东亚国家只包括东南亚国家和中国、日本，以及韩国、朝鲜。"东盟＋3"机制形成之后，东亚的定义似乎更明确为东南亚和东北亚地区。但是，亚太经合组织这一包括太平洋东岸一些国家的、更广泛意义上的机制又经常被列为东亚一体化的路径选择之一。东亚峰会和东盟地区论坛甚至囊括了南亚和欧洲地区。② 因此，该地区的国家提出了"开放的地区主义"概念，并将之尊崇为一条原则。③

不过，东亚国家固有的民族主义传统又让这些国家看重主权、主导权等权利。每个机制又有一些"入会"标准，拟排除区域外国家或者维护区域内利益，因而又呈现一定的封闭性。例如，很多人倡议将解决东北亚核安全问题的六方会谈机制化，但是仅限于解决朝鲜半岛安全问题。"10＋

---

① Jack Pritchard, "Beyond Six Party Talks: An Opportunity to Establish A Framework for Multilateral Cooperation in the North Pacific", Hokkaido Conference for North Pacific Issues, October 7, 2004, Hokkai Gakuen University, p. 3, available at: http://www. brookings. edu/~/media/research/files/papers/2004/10/07northkorea% 20pritchard/pritchard20041007. pdf.

② 关于地理地域的定义参阅第一章第三节。

③ 1978年日本首相大平正芳提出了著名的"环太平洋联合构想"，建议环太平洋国家和地区以经济文化合作为重点保护松散的联合，进行开放性的合作。这可视为开放的地区主义的开端，随后这一思想开始贯穿于亚太国家和地区政府及学界的研究和政策实施过程中。

1"和"10＋3"机制除了具有重叠性以外，也具有封闭性特点。

（二）制度性与非制度性

通过分析亚太合作的进程和现状，我们可以看到，该地区的多边合作有时候呈现出制度性，有时候呈现出非制度性的特点。例如，自其成立以来，亚太经合组织不得不在"是致力于建立一个宽松的区域论坛，还是一个正式的区域制度"之间作出选择。尽管亚太经合组织最初不是作为一个制度性的组织来构建的，而是一个讨论区域经济合作的松散的论坛，1993年美国倡议举行了领导人非正式会议，使该组织向制度性迈进了一大步。尽管一些成员一直在努力地构建制度化了的亚太经合组织，但超国家的目标和制度从未被亚洲国家领导轻易接受，他们却在努力寻找一种"非制度化的合作机制"[1]，即在确保所涉及的主权成员的合法利益的同时，试图达到区域一体化的目标，结果导致弱机制化。正是在这种制度性和非制度性之间犹疑不定，亚太地区的多边合作框架才呈现出功能重叠、机制弱化的特点。

（三）主导权问题

从表面上看，许多机制的形成是在东盟的主导或推动下实现的，现在东亚各国也都基本达成共识，尊重东盟在该地区的领导作用。关键的问题是，东盟能否很好地在泛亚太合作中发挥主导作用，尤其是面对美国、中国和日本这样规模巨大的经济体，东盟能否真正实现"小国推动大国"的设想？这些问题至今仍是个争论不休的话题。

从现实来看，东盟各国作为中小国家，力量都相对薄弱，它们的"脆弱性"在1997年的亚洲金融危机中明显显示出来。危机过后，中国和日本因其丰裕的外汇储备及其对危机受害国的援助，被认为在"10＋3"和东亚峰会中成为实际的地区领导者。日本作为世界经济大国，在推动东亚合作进程中占据着举足轻重的地位，东亚经济的发展也曾一度被描述为以日本为领头雁的"雁阵模式"。事实上，日本也一直追求领导地位，曾一度被认为将主导亚太经合组织，提出以"亚洲方式"（Asian way）来讨论

---

① Johnny Chi-Chen Chiang, "Conceptualizing the APEC Way: International Cooperation in a Non-institurionalized Regime", *Issues &Studies*, Vol. 36, No. 16, 2000, p. 179.

亚太经合组织的议题，达成共识，作出决议。① 然而，日本在东亚一体化问题上的不一致性，以及其在政治、历史等问题上的不负责任的态度，使得日本在本地区多边合作中无法得到其他国家的认可，无法发挥领导作用。

最近二十年来中国经济实力的持续快速增长，加上中国对东亚经济合作的态度日趋积极，中国被越来越多的人认为要扮演东亚一体化的领导角色。② 但中国的考虑首先是要维护目前的和平发展环境，因此，在推动地区合作的制度化建设方面十分谨慎，并没有提出大胆突出的建议。

中日韩领导人会议是"10+3"框架以外单独举行的中国、日本、韩国三国领导人会议。这个建议 1998 年最早由日本提出。2007 年 11 月，东盟和中日韩领导人举行第八次会议时，中日韩三国决定加强三国间政治对话与磋商，举行三国领导人不定期会议。2008 年 12 月 13 日，首次中日韩领导人会议在日本福冈县举行，会议签署并发表了《三国伙伴关系联合声明》，明确了三国伙伴关系定位，确定了三国合作的方向和原则。2009 年 10 月 10 日，第二次中日韩领导人会议在北京人民大会堂举行，中国国务院总理温家宝、日本首相鸠山由纪夫和韩国总统李明博沟通敲定未来合作大方向——共建东亚共同体。③ 2010 年 5 月 29 日，在韩国济州岛举行了第三次中日韩领导人会议，会议通过了《2020 中日韩合作展望》。2011 年 5 月，在日本遭受严重灾害情况下，三国在东京举行了第四次中日韩领导人会议，拓展了地震、灾害、核安全等领域的合作。2012 年 5 月 13—14 日，第五次中日韩领导人会议在北京举行。会议发表了《关于提升全方位合作伙伴关系的联合宣言》，三国宣布将于年内启动三国自贸协定谈判。由此，东亚一体化进程的领导权似乎为三国共掌。然而，三国之间政治和安全互信并没有因此提升，中日、韩日之间因历史纠结而频频引发的政治紧张反而对合作产生了很多负面和不确定的影响。

在亚太多边合作发展的进程中，美国在初始阶段并不是主导国，甚至

---

① Dennis J. Ortblad, "The US and Japan in APEC: Arena for Leadership in Asia and the Pacific", Analysis from the East-West Center, No. 28, August 1996; Yong Deng, "Japan in APEC: the Problematic Leadership Role", *Asian Survey*, Apr., 1997, Vol. 37, No. 4, pp. 353－367.

② Dick K. Nanto, "East Asian Regional Architecture: New Economic and Security Arrangements and U. S. Policy", *CRS report for Congress*, Order Code RL33653, Jan. 4, 2008, p. 6.

③ 张颖、王国培：《中日韩敲定未来合作大方向：共建东亚共同体》，参阅凤凰网网页 http://news.ifeng.com/mainland/special/wenjiabaofangchao/news/200910/1011_8202_1382600.shtml.

有时候被排除在外。但是，当一个框架的影响力扩大之后，美国就会加入进来，然后通过规则制定和议题设置发挥影响。例如，1993 年将 APEC 提升为峰会机制，在多次 APEC 会议上美国提出从自由贸易到反恐再到朝核问题等议题，力图主导 APEC 的讨论内容；美国在东盟地区论坛屡屡提起南海问题，挑动东盟国家升级与中国的南海纠纷。在 TPP 初具雏形之后，美国也接管过来，以其制定的高标准，推动并主导谈判。值得注意的是，日本、澳大利亚、韩国、新加坡等国家在亚太多边合作的过程中都有各种提议，其中很多因为美国的否定而流产。可以看出，美国不乐见任何一个国家在亚太地区多边合作进程中起主导作用，因为这会打破其固有的双边同盟机制，威胁其霸权，也会影响美国在这一地区的经济利益。

（四）多边与双边、区域与次区域的矛盾

在推动多边合作的同时，区域内国家从来也没放弃加强双边合作，维护独有的权益。例如，东盟作为一个行为体，虽然与多个国家签署了贸易协定，但是面临的问题是，这个行为体中的十国还并没有彻底解决关税问题，没有最终形成一个统一的共同市场，因此，单个国家还拥有单独与其他国家签署双边自由贸易协定（FTA）的权利，FTA 的出现甚至使区域性机制看起来似乎是不必要的。例如，新加坡与美国等国签署了多个双边自由贸易协定。① 这些权利分割不清的状况为亚太多边合作的加深造成了很大的障碍，使合作的架构呈现一幅乱象。

亚太区域多边合作面临的另一个问题是区域内合作层次复杂。东亚各国在推动区域内整体合作的同时，还各自推动次区域合作，因而导致区域和次区域合作机制并行，相互干扰。例如，与"10＋3"机制并行的是三个"10＋1"机制和中日韩三方合作；东盟地区论坛致力于本地区的安全合作，但在东北亚安全问题上，却被六方会谈取代。同时，多边合作的内容也相互交错，复杂而又模糊。例如，亚太经合组织最初确定的原则是只讨论经济问题，不讨论政治和安全问题。而 2001 年"9·11"事件以后，反恐问题几乎主导了亚太经合组织的议程。2003 年以后，在美国的主导下，朝核问题也一度成为议事日程，甚至伊朗核问题也被涉及。在领导人的宣言中，"安全"甚至替代"经济贸易"成为重要的议题。但是另一方

---

① Robert G. Sutter, *The United States in Asia*, Rowman & Littlefield Publishers, 2008, p. 110.

面，又没有成员明确提出应该增加亚太经合组织的安全功能。

在中国学界对亚太合作的分析中，有很多人通过观察合作的形式确立而看到乐观的未来。然而，无论从理论上进行思考，还是对现实困境进行分析，亚太合作的进程和结果并不相符。多种方式、多种形式的合作虽然使亚太国家面临更多选择，也面临利益交织而无法选择的困境。对美国而言，要想介入进来，也是如此。

在这些多边合作机制或框架的建立和建设进程中，最突出的一个特点是，东亚国家之间滋生了一种认同和"脱离"美国的独立自主意识，一些国家成为该地区事务更加积极的参与者。例如东盟，它采取"大国平衡战略"，创造了小国推动大国走向多边合作的政治奇迹。冷战以来，东盟在经济上对日本的依赖大于对中国的依赖；在安全上对美国的依赖也大于对中国的依赖。[①] 1994 年东盟发起亚太地区第一个、也是唯一的政府间多边安全对话机制——东盟地区论坛，目的在于减少对美国的依赖；1997 年开始的"10＋3"更多地集中在贸易和金融领域的合作，旨在推动东亚地区经济一体化，同时减少对日本的依赖，而且把中国纳入进来，便于搭上中国经济发展的快车。在追求主导地位的进程中，东盟将其内部的合作方式——"东盟方式"逐渐扩展到其他框架的发展进程之中。所谓"东盟方式"，指的是东盟处理成员之间关系的一系列基本原则和规范，其中最主要的两个原则是非正式性和协商原则。这种方式首先延伸到亚太经合组织。亚太经合组织是由澳大利亚和日本发起的，但为适应东盟国家，亚太经合组织的创始国同意接受东盟的"自发多边主义原则"，因此，其原则也是非约束性和自愿性的。这些原则导致了东亚多边合作的弱机制化特点。

最后，由于东亚地区大国力量交织，多边合作的发展受到了牵制。世界上没有哪一个地区的政治结构和安全结构比东亚地区更为复杂。这里交织了美、日、中、俄等世界主要大国的力量，安全结构复杂，每个国家都在努力维持或加强自己在竞争中的地位。日本曾一度被认为将主导亚太经合组织，提出以"亚洲方式"（Asian way）来讨论亚太经合组织问题，达

---

① 此为上海社科院世界经济政治研究院副院长黄仁伟在 2004 年 7 月 8—9 日举行的"东亚多边合作与中国对策"学术研讨会上阐述的观点，这次研讨会的综述刊登在《世界经济研究》2004 年第 9 期。

成共识，作出决议。① 美国一直在努力促使亚太经合组织按照其设计的轨道发展，但"亚洲方式"在很多时候使这个松散的组织偏离美国的轨道。中国通过多边合作扩大了其在东亚的影响力，这被认为首先威胁了美国的利益。② 东南亚国家联盟则力图以集团的方式发挥作用。

　　这种复杂性导致了亚太地区多边合作的弱机制化，但并没有阻碍亚太多边合作的发展。外交学院秦亚青教授认为，东亚多边合作不是结构主义理论能够解释的，因为东亚既没有明晰的以大国实力分配定义的物质结构，也没有成形的观念结构。东亚合作和东亚共同体建设的关键在于进程；代表了一种社会建构的进程模式，这个进程孕育、普及规则和规范，培育集体身份，导致角色结构和观念结构的变化。③ 这些进程的突出意义就是为该地区具有不同利益的国家和经济体搭建各种层次的对话框架，使成员在这些框架内认真考虑各种问题，表明立场和态度。通过在这些问题上的对话与协商，各国之间增进相互认识和了解，从而为建立互信合作关系创造条件，以维护该地区政治上紧密合作、经济上顺利发展与安全上和平稳定局面。在这种框架的作用下，美国对东亚国家的双边政策、中国对东亚其他国家的双边政策都在很大程度上受到了影响。中美两国的双边关系也是如此。

---

　　① Dennis J. Ortblad, "The US and Japan in APEC：Arena for Leadership in Asia and the Pacific"；Yong Deng, "Japan in APEC：the Problematic Leadership Role", pp. 353 – 367.

　　② 菲利普·桑德斯：《东亚合作背景下的中美关系：协调利益分歧》，载《外交评论》2005年第6期，第36页。

　　③ 秦亚青：《东亚共同体建设进程和美国的作用》，载《外交评论》2005年第6期，第27页。

第二章

中国对亚太多边合作的认识与参与

在冷战时期，基于"两个阵营"的认识，中国认为国际多边机制多为西方国家创立和控制，是帝国主义的工具。20 世纪 70 年代，第三世界的理论被中国接受以后，中国开始有选择性地积极参与一些国际多边机制，其中联合国是最具代表性的，因为第三世界国家在联合国占多数，可以通过联合国谋求自身的利益。中国对建立集体防卫多边机制一直持谨慎怀疑态度，并不是积极支持，因为冷战时期，中国常常成为此类组织的攻击目标。[①] 直到 1995 年，中国还有人对安全领域的多边主义合作表示极大的怀疑。70 年代末改革开放以来，在和平与发展战略的指导下，根据多极化理论，参与多边国际制度，开展广泛的多边外交，积极介入全球公共问题的治理，已经构成中国外交最活跃、最积极的内容。[②]

第一节　中国对亚太多边合作的认识

20 世纪 80 年代末，随着亚太经合组织的成立，中国国内出现了关于如何认识亚太地区多边机制的发展，以及中国是否、如何参与亚太多边合作的讨论。有人建议中国要积极参加环太平洋合作，也有人认为目前中国"经济力量不够，最好不要作声，看他们怎么搞"[③]。

---

①　Banning Garrett and Banning Glaser, "Multilateral Security in the Asia-Pacific Region and Its Impact on Chinese Interests: Views from Beijing", *Contemporary Southeast Asia*, Jun. 1994, pp. 14 – 34.

②　苏长和:《周边制度与周边主义——东亚区域治理中的中国途径》,载《世界经济与政治》2006 年第 1 期。

③　宦乡:《太平洋地区发展前景和中国现代化》,中国财政经济出版社 1985 年版,第 1—8页。

　　中国关于亚太地区合作的官方看法最早来自中国著名的国际问题专家和外交家宦乡。1984 年 12 月，一场关于地区发展的国内研讨会在上海召开。时任国务院国际问题研究中心（后易名中国国际问题研究中心）总干事的宦乡在开幕式上发表了题为"亚太地区发展前景与环太平洋合作"的讲话。在讲话中，他提出，中国"要举起太平洋合作的旗帜，为第三世界繁荣，为进一步加强南南合作、南北对话做好充分的准备"，"应该在亚太经济合作问题上起作用"，"起代表第三世界的作用。既有别于美国、日本，又有别于苏联"，"争取在国际问题上就亚太问题有发言权"，但是由于当时还没有实际意义上的泛亚太合作组织建立起来，所以，他强调中国"不一定要去参加什么组织"，"而应该在这个地区发挥作用，特别是在这个地区的经济发展问题上"。而且，他强调，"应该谈的是经济合作、文化合作，而且只是这两方面的合作。此时此刻根本说不到政治合作，更不必谈军事合作"①。

　　1989 年，亚太经合组织正式成立，这引发了该地区关于区域合作的讨论热潮。1989 年 10 月 28—31 日，联合国亚洲及太平洋经济社会委员会和中国经贸部下属的中国亚太地区国际贸易研究与培训中心在北京共同举办了"中国和亚太地区经济贸易合作研讨会"，时任国务院副总理田纪云与会并发表了讲话。这在一定程度上反映了中国政府对区域合作的重视。田纪云副总理在研讨会上的讲话也可以说是中国官方对方兴未艾的亚太区域合作的看法。他提出，亚太经济合作的形式，应符合本地区的情况和特点。本区域各国和地区在社会制度、发展水平方面差别较大，因此开展合作的形式应根据这一实际情况和特点，由各国共同协商确定，而不应简单照搬其他地区的做法。"我们认为，亚太经济合作要以促进本地区共同繁荣与发展为目标，以占本地区人口绝大多数的广大发展中国家为主体，而不应排斥他们，并且以本区域各国不分社会制度和发展水平，坚持和平共处、平等合作为基础，以对区域内外一切致力于国际合作的国家开放为特点。""中国是亚太地区的一个国家，同这一地区有着广泛的贸易和经济联系。……中国政府将遵循互相尊重、平等互利、加强交流、共同发展的原则，为积极推动和促进亚太区域的经济合作继续作出自己的努力。"②

---

　　① 宦乡：《太平洋地区发展前景和中国现代化》，第 1—8 页。
　　② 田纪云：《为亚太地区更加繁荣发展而共同努力》，载《国际贸易》1990 年第 1 期，第 4—5 页。

　　1989 年，《国际展望》杂志连续刊登了学者杨洁勉的三篇特稿，就"中国和亚太经济合作机制"进行了探讨。他认为，亚太地区的经济合作"作为一种超国界的相互经济作用，必然会遇到各种政治、外交、文化、种族、习俗乃至战略等问题，不能局限于经济而忽略其他因素"。就地理因素而言，西太平洋地区可以由一个太平洋共同体所覆盖，也可以由东北亚经济圈、黄海经济圈、大中华经济圈和南海经济圈等所组成，说明"这类组织本身具有很大的可塑性和可选择性"。对于中国的参与，台湾问题、香港过渡问题，以及中国与韩国、日本、东盟的关系在很大程度上会决定中国参与亚太经济合作机制的可能和速度。但是，中国在政治上的强大与经济上的发展有利于亚太地区的和平与稳定。中国是亚太地区的政治大国，拥有无法取代的政治优势，已进入第二个十年的改革与开放使中国进一步化政治优势为经济效用。对中国来说，不是应否参与亚太合作机制，而是怎样参与的问题。① 他建议，"作为亚太重要成员的中国应当及早筹划，积极参加有关活动，为亚太经济合作机制的早日诞生作出贡献"②。

　　20 世纪 90 年代初，冷战结束，国际社会对于世界局势发展的估计开始发生变化，亚太地区从本地区的持续发展中增加了自信，中国也更加坚定了改革开放的决心，对于拓展亚太贸易市场、增加投资机会、推动经济和科技合作的信心和需求也日益加强。自此，中国研究界和政府互动密切，为中国参与亚太经济合作建言建策。1992 年，商务部有人提出了中国参加亚太区域合作的选择目标，认为"美、加、墨自由贸易区协定的签订增加了对亚太区域合作的压力。与其坐待观察，不如加入，在区域组织内部施加影响，使区域合作与全球化相协调，不搞封闭的贸易保护主义的区域集团"。"在亚太区域合作问题上不应当犹豫观望，延误时机，而应当及时地积极地加以推进。"③

　　1991 年，中国加入亚太经合组织之后，开始重视参与亚太区域经济合作。中国领导人积极参加亚太经济合作组织领导人非正式会议，并提出了

　　① 杨洁勉：《亚太经济中的政治因素——中国和亚太经济合作机制当议（一）》，载《国际展望》1989 年第 4 期，第 14—15 页。

　　② 杨洁勉：《从建议到实践——中国和亚太经济合作机制当议（二）》，载《国际展望》1989 年第 5 期，第 20—21 页。

　　③ 王志乐：《中国参加亚太区域合作的目标选择》，载《亚太经济》1992 年第 5 期，第 5—10 页。

中国对区域经济合作的指导性原则。例如，1993 年 11 月，时任中国国家主席江泽民出席了在西雅图召开的亚太经济合作组织首次领导人非正式会议，在会议发言中提出"相互尊重、平等互利、彼此开放、共同繁荣"的区域经济合作指导原则。在 1994 年亚太经合组织第二次领导人非正式会议——茂物会议上，江泽民明确提出了中国关于亚太经济合作的五项原则，即"相互尊重、协商一致；循序渐进、稳步发展；相互开放、不搞排他；广泛合作、互利互惠；缩小差距、共同繁荣"①。

　　然而，中国国内在热议各种对外经贸合作方案的同时，对于政治安全合作的讨论却比较谨慎，对于多边安全合作态度也比较模糊，基本主张亚太地区的安全合作建立在经济合作的基础之上，提出了一些指导性原则。1992 年，曾任常驻联合国大使衔副代表梁于藩在联合国亚太地区裁军与安全上海研讨会上指出，在冷战后的亚太地区，维系各国和地区间关系的主要因素是经济上利益相互往来、合作与竞争，并在此基础上构筑和睦的政治外交关系、设立地区安全机制、采取信任措施，以及描绘进一步裁军蓝图。他认为，采用欧安会的模式建立安全机制不适合亚太地区的具体情况。亚太地区的安全机制与信任措施必须以和平共处五项原则为基础（当然也要以联合国宪章所包含的原则为基础）。② 1993 年 8 月 8 日，江泽民在接受日本《朝日新闻》社长中江利忠采访时，阐述了中国对建立亚太安全机制的立场。江泽民指出，在亚太建立何种安全机制，可以从本地区多样化的实际出发，进行双边和区域性多形式、多层次、多渠道的安全对话，就有关问题进行磋商，加强沟通和信任。③ 1990 年，印度尼西亚发起"管理南中国海潜在冲突"系列研讨会（South China Sea Workshops），随后，1991 年中国参加进来。在"管理南中国海冲突"项目中，中国只讨论技术性的问题，而对建立信心措施等安全问题加以反对，不支持政府间合作。④

　　1996 年以后，美苏对峙逐渐结束，对国际形势的走向判断、对亚太地区安全形势的认识、台湾问题的激化、美日关系的加强等这些因素开始影

　　① "中国与 APEC"，参阅商务部网页 http：//www. mofcom. gov. cn/aarticle/bg/200207/20020700033019. html。

　　② 梁于藩、陈佩尧：《亚太安全：在经济合作基础上建立信任——在联合国亚太地区裁军与安全上海研讨会上的发言》，载《国际展望》1992 年第 17 期，第 4—5 页。

　　③ 陈舟：《新中国三代领导人的亚太安全战略思想》，载《军事历史》2000 年第 3 期。

　　④ Jusuf Wanandi, "ASEAN's China Strategy: Towards Deeper Engagement", *Survival*, Vol. 38, Issue 3, 1996, p. 122.

响中国对亚太多边合作的利弊权衡。中国战略界的观点发生了很大的变化，开始将多边安全合作作为增进理解，促进东亚地区稳定的一个重要方式，而且认为这与多极化理论是一致的。[①]

第一，对国际局势发展方向的判断由"多极化"转为"一超多强"。冷战结束后，中国战略界认为，欧洲和日本的力量上升，在世界事务中会发挥更多的作用，美国难以为所欲为，独断专行，世界将由两极加速向多极转变。[②] 但同时中国的战略家们也认为，向多极化转变需要一个过程。1996 年以后，对"一超多强"的世界局势判断得到了越来越多的认同。[③]基于对"一超多强"国际新秩序的认识，有学者提出，如果"一超多强"是一种稳定的结构，并且将持续很长时间的话，中国也必须面对如何处理与美国主导的国际体系的关系：中国是置身事外，还是参与其中，还是以自己的参与多少使其改变得更为合理？"很显然，中国要在一超多强的国际格局下，把自己发展成一个真正意义上的强国，参与现存的国际体系，成为其重要的成员是不可避免的。而且在这个参与过程中，中国要适应这个国际体系要求的地方，要远远多于中国能改变这个国际体系的可能。"[④]中国要以务实的态度来处理与现存国际秩序的关系，除在涉及国家安全的重大问题上坚持自己的立场外，在许多方面要适应现存的国际秩序，以使中国能在被现存国际体系接受的条件下发展自己。

第二，在地区问题上，中国战略界认为，全球性问题式微，地区性问题突出，已成为冷战后国际形势的重要特点。亚太地区，早在冷战结束前就出现多极的格局，冷战后各国政局相对稳定和经济高速发展，"美、日、中、俄和东盟正在成为本地区的 5 大力量中心，各方既相互合作又相互制约，围绕经济贸易问题、武器扩散和军备控制问题、安全合作机制问题，以及朝鲜半岛问题、南海问题、台湾问题等次地区问题和重要的双边问题

---

① Wang Hongying, "Multilateralism in Chinese Foreign Policy: The Limits of Socialization", *Asian Survey*, Vol. 4, No. 3, May-Jun. 2000, p. 483.

② 宋宝贤：《世界加速向多极化转变》，载《世界知识》1991 年第 24 期，第 5 页；陈小功：《世界正处在重要的过渡时期》，载《世界知识》1998 年第 2 期，第 4—5 页。

③ 1996 年年初，广东电视台与中山大学在广州组织了"'一超多强'格局下的中国与世界——'96 国际形势回顾研讨会"。来自北京、上海和广州三地的政府有关部门负责人、主要新闻媒介负责国际问题报道分析的资深人员，以及高等院校和研究机构的国际问题专家探讨了世界发展趋势，相关发言被刊登在《中山大学学报》（社会科学版）1997 年第 5 期。

④ 周建明：《正确认识一超多强的国际格局》，载《社会科学》1998 年第 2 期，第 34—35 页。

纵横捭阖，矛盾和斗争此起彼伏"。上海国际问题研究所所长陈佩尧教授在发言中明确强调，伴随着多极格局的形成，有关建立多边机制问题提上了议事日程。"新的多边合作机制，同过去冷战时期与集团对立联系在一起的情况不同，应以顾及各方利益、相互信任和对外开放为基础，坚持所有成员平等的原则。这种机制的形成和发展，有利于本地区的繁荣稳定，也有利于本地区与外界的交流合作。"①

第三，1996 年 4 月美国与日本签署了《日美安全保障联合宣言》，被中国认为两国安保机制正发生根本性的变化，从"一国型"变成"地区型"，是一个危及亚太地区和平与发展的不祥信号。② 1997 年秋，美日防卫合作指南的正式公布，引起了中国的警惕。之后，外交学院组织了关于讨论这一问题的研讨会，与会的战略界官员和专家认为，美日加强同盟关系明显是针对中国，它对中国的安全环境有着十分重要的影响。其目的是要起到一种对中国的战略威慑作用；同时它也会影响中国与周边国家的关系。"美日提出要防卫马六甲海峡，东盟国家已对日本的目的表示理解。这就使得南中国海问题更加复杂化。"③

第四，台湾问题在中美关系日程中的地位上升。1995 年 6 月至 1996年 3 月，海峡两岸由于李登辉访美而引发台海危机，这次危机引起了海峡两岸以至于整个国际社会的震动与关注，也危及中美关系。美日安保关系的调整也被认为"对中国最直接的影响是在台湾问题上"。台湾问题是 21世纪中国对外关系中所面临的最大问题，台湾问题的根子是在美国，日本则起到协同作用。④

在对世界局势和亚太局势判断日益明朗的情况下，20 世纪 90 年代中期，中国提出了"新安全观"，并多次在多边场合阐述中国对安全的认识和主张。⑤ 1996 年 7 月，在印度尼西亚召开的东盟地区论坛第三届外长会上，

---

①　陈佩尧：《亚太地区的大国关系与中国》，在"'一超多强'格局下的中国与世界"会议上的发言。

②　唐天日：《一个不祥的信号——评日美安保体制的蜕变》，载《瞭望》新闻周刊 1996 年第 18 期，第 44 页。

③　苏浩：《"美日安保关系的调整与亚太安全问题"学术研讨会综述》，载《美国研究》1998 年第 1 期，第 146 页。

④　同上文，第 147 页。

⑤　1996 年 4 月，在中俄两国元首签署的《中俄关于世界多极化和建立国际新秩序的联合声明》文件中，中国领导人第一次系统地阐述了中国新安全观的基本主张。这也是"新安全观"的概念第一次出现在中国的官方文件中。

中国政府提出应共同培育一种新型的安全观念，即重在通过对话与协商增进信任，通过扩大交流与合作促进安全。1997 年 3 月，中国政府在同菲律宾共同举办的东盟地区论坛建立信任措施会议上，首次正式提出了适合冷战后亚太地区各国维护安全的"新安全观"，主张维护地区安全应尊重各国主权、和平解决争端和采取综合安全的观念，要通过磋商、对话与合作等和平手段促进地区安全。1999 年 3 月，时任中国国家主席江泽民在日内瓦裁军谈判会议上更加全面地阐述了中国的"新安全观"。他指出："新安全观的核心，应该是互信、互利、平等、合作。"在 2000 年 9 月 6 日召开的第九届联合国千年首脑会议上，以及 2001 年 6 月 15 日"上海合作组织"成立大会上，江泽民都重申应建立以此为核心的新安全观。在 2002年 7 月 31 日召开的第九届东盟地区论坛外长会议上，中国代表团向大会提交了《中国关于新安全观的立场文件》，全面系统地阐述了中国在新形势下的安全观念和政策主张。

同时，中国从三个层次调整了安全政策：双边、地区和次地区。中国领导人开始积极参与亚太地区的多边会议。2001 年，中国在上海成功举办亚太经济合作组织领导人非正式会议，并发表反恐声明谴责"9·11"恐怖袭击事件。

2004 年以后，中国开始明确支持亚太地区多边主义合作，并提出了相关的合作主张。2004 年，在博鳌亚洲论坛开幕式上，胡锦涛发表演讲，提出了加强亚洲地区合作的五项主张，涵盖了经济贸易、安全、文化等各个方面。[①] 温家宝在亚洲合作对话第三次外长会议开幕式的讲话中也指出，加强区域合作是新时期中国对外政策的重要组成部分，中国政府将更加积极地参与旨在促进亚洲合作的各种多边进程。[②]

积极介入东亚多边合作机制有利于中国推行睦邻友好政策，争取亚洲国家在国际上的支持，同时塑造中国负责任大国的形象。积极介入多边机制也符合中国大国战略，因为参与东亚大国参加的机制对中国来讲，不言而喻地界定了中国的大国身份。由此，多边合作为中国作为负责任的地区大国发挥作用提供了最为便利的场合，例如"10 + 3"、上海合作组织

---

① 胡锦涛：《中国的发展　亚洲的机遇——在博鳌亚洲论坛 2004 年年会开幕式上的演讲》，参阅新华网 http://news. xinhuanet. com/zhengfu/2004—04/26/content_ 1439621. htm。

② 中华人民共和国外交部：《中国外交》，世界知识出版社 2005 年版，第 30 页。

（SCO）和东盟地区论坛等。

中国安全观的变化和对亚太地区安全立场的变化，以及中国积极参与多边安全合作活动，表明中国已摆脱过去那种孤立状态，在政治安全领域开始融入该地区的合作之中。而且，利用东亚多边合作作为实践中国外交思维的平台，增信释疑、提出切合实际的主张体现了中国对地区稳定负责任的态度。在这些会议上，中国多次申明"不称霸"。在核不扩散等重要安全问题上，中国的表态消除了其他参加国的疑虑。但是，在实际行为中，中国对于多边安全合作仍然持相当谨慎保守的态度，尤其在涉及中国国内安全问题上，中国强调主权和不干涉原则作为安全合作的前提，避开敏感问题如军备透明化、台湾问题和南海问题。但中国对美国在本地区的军事合作也不再说反对的言辞，而且欢迎美国对地区安全发挥建设性的、有利于维护地区和平与稳定的积极作用。这在一定程度上消除了美国在本地区进行军事合作的疑虑，改变了美国对中国国际行为的认识。

有美国学者在密切注视中国亚洲外交的同时，对中国的政策作出了总结和评价。其中主要观点有：中国从多边主义的怀疑者，变成了多边主义的推动者；中国参与东亚地区事务的新角度和新领域主要是经济方面；中国正在以前所未有的形式、越来越深入地参与东亚地区事务，在东亚采取越来越多的主动行动，发挥越来越重要的领导作用；美国的权力和政策在中国的地区政策中起着重要的作用，导致中国的亚洲政策充其量是一种临时性选择，或权宜之计。①

尽管美国的看法是基于观察和假设之上，而且积极正面的评价占据主导地位，但这表明了美国的矛盾心态。正如外交学院朱立群教授所言，他们一方面肯定中国外交的转型变化，也希望中国发生这种变化，但另一方面又害怕这种变化最终会动摇美国在这一地区的地位。②

近些年来，随着中国国力的增强，中国的全球战略和地区战略也亟需调整。对于调整的内涵，有学者主张中国应坚持"韬光养晦、有所作为"的外交战略思想，建议中国应明确长远战略目标和发展方向，从"不需要

---

① 转引自朱立群《美国学界对中国亚洲政策的认知》，载《外交学院学报》2005 年第 4 期，第 61—67 页。

② 朱立群：《美国学界对中国亚洲政策的认知》，第 66 页。

什么"到"我需要什么"思想转变。① 也有学者认为中国应适当改变过去
"低调不介入"的态度，在全球层面以"全球共赢"为思想武装，对国际
问题"创造性介入"。② 2009 年中国外交部部长杨洁篪在展望 2010 年外交
时强调"中国既要坚持韬光养晦、谦虚低调，又要积极有所作为"。2012
年，引人注目的十八大报告增加了外交政策的新内容，提出"以更加积极
的姿态参与国际事务，发挥负责任大国作用，共同应对全球性挑战"，再
次强调参与多边事务的积极态度。2013 年，习近平参加亚太经合组织第二
十一次领导人非正式会议时，在讲话中明确表示：中方对任何有利于亚太
区域融合的机制安排都持开放态度。③

第二节　中国在亚太多边合作中的作用

随着中国对亚太多边合作态度和政策的转变，关于中国在东亚多边合
作中的作用，越来越多的中国学者进行了评论，并提出政策性建议。④ 鉴
于东亚多边合作已经涉及政治、经济和安全等各个领域，这里从上述几个
层次分析中国在东亚多边合作中的推动作用。

第一，在高政治层面，中国领导人支持和维护现有的有益于亚太各国
发展的多边机制。最初，中国参与亚太多边合作的根本目的是获得利益，
改善和加强中国在亚太经济中的地位，而并不一定是为了在这些组织和制度
中发挥作用，或者改善其结构和方向。⑤ 从 20 世纪 90 年代至今，中国的领

---

① 王缉思：《中国的国际定位问题与"韬光养晦、有所作为"的战略思想》，载《国际问题
研究》2011 年第 2 期，第 9 页。

② 丁吉林、连希蕊：《"创造性介入"提升中国外交软实力——专访北大国际关系学院副院
长王逸舟》，载《财经界》2012 年第 1 期，第 30—34 页。

③ 《习近平在亚太经合组织第二十一次领导人非正式会议上的讲话》，参阅新华网 http：//
news. xinhuanet. com/world/2013—10/07/c_ 117609177. htm。

④ 如房敏：《论中国在东亚区域合作中的地位和作用》，载《特区经济》2005 年第 11 期；
张铁军：《中国与东亚共同体建构》，载《东北亚论坛》2006 年第 2 期；庞中英：《中国在国际体
系中的地位与作用》，载《现代国际关系》2006 年第 4 期。

⑤ 中国学者庞中英在分析中国在国际上的作用时，认为"除了改善国际环境，中国最初加
入国际组织和国际制度的根本目的是为了获得利益（例如从世界银行和国际货币基金组织那里获
得发展援助，而加入 WTO 理论上则是为了根本改善中国在全球经济中的处境），而并不一定是为
了在这些组织和制度中发挥作用，以及改变国际体系的结构和方向"。参阅庞中英《中国在国际体
系中的地位与作用》，载《现代国际关系》2006 年第 4 期。作者还认为中国主要在亚洲地区范围
内"成为一些新的国际制度、国际机制、国际安排、国际框架的支持者、建议者、建设者，甚至
某种领导者"。

导人参与了多次亚太多边会议。在这些会议上，他们阐述中国的政策和主张，推动亚太国家间关系和进一步的多边合作。高层领导人出席多边会议，不但维护现有的亚太多边机制，而且促进了这些机制的进一步加强。例如，中国领导人积极参与每年一次的亚太经合组织领导人会议，就全球及地区形势、亚太区域合作、该机构的未来发展等一系列重大问题阐述看法和主张，为历次会议的顺利举行发挥积极的和建设性的作用。

第二，在经济和贸易方面，随着中国在东亚产业格局和区域贸易中地位的提高，中国推动了东亚经济合作的深化和发展，并且可以充当稳定经济的"缓冲器"，发挥稳定性的作用。例如，在东南亚金融危机爆发期间，中国政府坚持人民币不贬值，缓解了东盟国家在金融危机中所承受的压力，为稳定东亚地区的货币汇率作出了贡献，对东盟国家在世界经济整体波动的情况下平稳地走向恢复起到了建设性作用，体现了中国的责任意识。目前，中国已经开始与东亚国家进行金融领域的合作。这是中国金融与国际接轨的一个重要渠道。中国金融的国际化和安全问题通过多边合作得到了加强，中国也通过多边合作使国际金融慢慢适应中国金融的发展。

第三，在安全方面，中国在朝核问题方面的斡旋努力已经证明，中国一直努力推动地区多边安全合作，希望在维护亚太地区稳定方面发挥作用。在六方会谈中，中国的说服和调停作用已经成为维系地区安全的重要因素。中国说服朝鲜放弃发展核武，早日重返《不扩散核武器条约》；说服美国放弃以核武器或常规武器攻击朝鲜，以及认同让朝鲜拥有和平核能的权利，这不仅对美国和朝鲜都有利，而且有利于东北亚和世界和平。然而，由于美国的安全利益和安全安排，其他国家对中国安全目标的疑虑，加上中国在台湾和南海面临的安全问题，中国并没有完全参与亚太地区的多边安全合作中。例如，美国每年与多个区域内国家进行联合军事演习，中国基本上被排除在这些军事演习之外。中国目前参与多边安全合作的努力仅仅能够表明中国的调停作用与和平意愿，中国无法发挥主导作用，甚至有时候陷入被动的僵局中。

第四，中国支持东盟的主导作用。由于对多边合作的认识和参与都比较滞后，迄今为止，中国在地区多边合作中没有起到主导作用，但明确的是，中国支持和推动地区组织如东盟在亚太合作中发挥主导作用，支持以东盟与中日韩合作为主渠道推进亚太多边合作进程，希望东盟与

中日韩拓展政治安全领域的合作。① 中国—东盟贸易区的建设和"10 +
3"机制的发展是东亚多边合作发展的重要部分，中国在其中起到很多的
推动作用。中国的这种推动作用的实现最终要看其他国家的意愿，在主
动推动的同时也容易陷入被动之中。随着中国大国国际形象（也就是说，
话语权的加强）的进一步确立，中国希望在多边合作中提出实质性的议
程，并推进这些议程的实现。但是，我们也要注意，由于历史的原因和
冷战后被宣扬的"中国威胁论"的影响，亚太各国对中国成为大国的未
来充满疑惧。中国在东亚多边合作中发挥主导性作用的程度也因此遇到
很大的掣肘。

　　在过去的几年里，中国已经在亚太非传统安全领域和其他领域的多边
合作中起到重要作用，也得到亚太国家的肯定。例如，在反恐、防治禽流
感和灾难救助方面。相对于政治和安全领域，这些是比较具体的合作。在
一些具体的合作中，中国政策和措施的连贯性和有效性都为中国将来发挥
积极建设性作用打下了基础。

第三节　中国对亚太地区多边合作的渐进式参与

（一）中国与亚太经合组织

　　20 世纪 80 年代末 90 年代初，世界已形成三大区域集团经济板块，即
欧洲联盟、北美自由贸易区和亚太经济合作组织。亚太经合组织同欧盟和
北美自由贸易区相比较，其成员数量、总人口在世界所占比例，以及区域
面积，均居世界首位，这一地区的国民生产总值和贸易额在世界上也占有
重要位置。亚太地区的巨大发展潜力在世界未来的经济发展中必将发挥重
要的作用。

　　1991 年 11 月，在"一个中国"和"区别主权国家和地区经济"的原
则基础上，中国、中国台北及中国香港一起正式加入亚太经合组织
（APEC）。此后，中国一直积极、深入参与 APEC 各领域合作，为推进
APEC 合作进程发挥了重要的建设性作用。

---

　　① 李肇星出席中国—东盟外长会议，参阅网页 http：//www. fmprc. gov. cn/chn/zxxx/
t288443. htm；中国驻新加坡大使张云出席"东盟—中国关系：和谐与发展"纪念研讨会，参阅网
页 http：//www. fmprc. gov. cn/chn/wjb/zwjg/zwbd/zybd/t284068. htm。

第一，中国积极参与 APEC 的主要动机是参与区域经济合作。在中国的对外贸易方面，亚太经合组织经济体成员一直是重要伙伴（参阅表 4、表 5 和图 2）。

表4　　　　　　　　　　2005 年中国进出口贸易伙伴情况

金额单位：亿美元

主要出口贸易伙伴情况			主要进口贸易伙伴情况		
位次	国家或地区	出口金额	增速（%）	位次	国家或地区	进口金额	增速（%）
1	美国	1629.0	30.4	1	日本	1004.5	6.5
2	欧盟	1437.1	34.1	2	韩国	768.2	23.4
3	香港	1244.8	23.4	3	东盟	750.0	19.1
4	日本	839.9	14.3	4	台湾	746.8	15.3
5	东盟	553.7	29.1	5	欧盟	736.0	5.0
6	韩国	351.1	26.2	6	美国	487.3	9.1
7	台湾	165.5	22.2	7	澳大利亚	161.9	40.1
8	俄罗斯	132.1	45.2	8	俄罗斯	158.9	31.0
9	加拿大	116.5	42.8	9	沙特阿拉伯	122.5	62.8
10	澳大利亚	110.6	25.2	10	香港	122.3	3.6

注：表中标有灰色底纹的国家为 APEC 成员。

资料来源：中华人民共和国商务部：《中国对外贸易形势报告（2006 年春季）》，参阅商务部网页 http：//zhs. mofcom. gov. cn/aarticle/ztxx/dwmyxs/200610/20061003536400. html。

表5　　　　　　　　　　2009 年中国进出口贸易伙伴情况

金额单位：亿美元

主要出口贸易伙伴情况			主要进口贸易伙伴情况		
位次	国家或地区	出口金额	增速（%）	位次	国家或地区	出口金额	增速（%）
	总值	12016.6	-16.0		总值	10055.6	-11.2
1	欧盟	2362.8	-19.4	1	日本	1309.4	-13.1
2	美国	2208.2	-12.5	2	欧盟	1277.6	-3.6
3	中国香港	1662.3	-12.8	3	东盟	1067.1	-8.8
4	东盟	1063.0	-7.0	4	韩国	1025.5	-8.5
5	日本	979.1	-15.7	5	中国台湾	857.2	-17.0
6	韩国	536.8	-27.4	6	美国	774.4	-4.8
7	印度	296.7	-6.1	7	澳大利亚	394.4	5.4
8	澳大利亚	206.5	-7.2	8	巴西	282.8	-5.3
9	中国台湾	205.1	-20.8	9	沙特阿拉伯	236.2	-23.9
10	俄罗斯	175.1	-47.1	10	俄罗斯	212.8	-10.7

资料来源：中华人民共和国商务部：《2009 年中国对外贸易发展情况）》，参阅商务部网页 http：//zhs. mofcom. gov. cn/aarticle/Nocategory/201004/20100406888239. html。

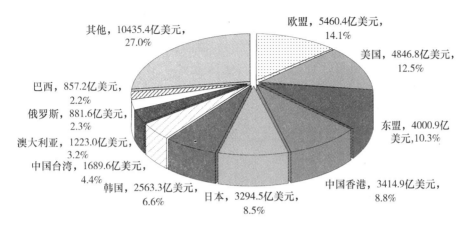

图 2　2012 年中国与前 10 大贸易伙伴进出口额及比重

资料来源：中华人民共和国商务部：《2012 年中国对外贸易发展情况》，参阅商务部网页 http：//zhs. mofcom. gov. cn/article/Nocategory/201304/20130400107790. shtml。

从上述三组数据我们可以看出，亚太经合组织经济体中的 2/3 的国家是中国的主要贸易伙伴。因此，积极参与亚太地区的经济合作，在亚太地区建立更加开放的贸易和投资环境，有利于中国与亚太经合组织其他成员经济贸易关系的稳步发展。加入亚太经合组织，为中国参与区域经济合作，学习借鉴其他成员的经验，促进国内的体制改革提供了机遇，被认为是"中国经济外交的重要举措"。①

第二，中国领导人参加历届领导人会议，提出主张和建议，推进这一组织的发展，同时把亚太经合组织当作阐释中国外交政策和理念的平台。1993 年至 2013 年，中国国家主席出席了历次 APEC 领导人非正式会议，就全球及地区形势、亚太区域合作、亚太经合组织未来发展等一系列重大问题阐述看法和主张，从"规则"的被动接受者转变为主动的参与者和制订者。中国的提议和主张对亚太经合组织的发展起了推动作用。例如，中国坚持亚太经合组织自愿与协商一致原则，使得发展中国家的利益得到较大程度的保障。在 1994 年茂物会议上，江泽民提出了中国关于亚太经济合作的五项原则②，并倡议召开科技部长会议。在这一组织的作用方面，

① "中国与 APEC"，参阅中国商务部网页 http：//www. mofcom. gov. cn/aarticle/bg/200207/20020700033019. html。

② 即"相互尊重、协商一致；循序渐进、稳步发展；相互开放、不搞排他；广泛合作、互利互惠；缩小差距、共同繁荣"。

中国首次指出指导合作的"APEC 方式"：承认多样性，强调灵活性、渐进性和开放性；遵循相互尊重、平等互利、协商一致、自主自愿的原则；单边行动与集体行动相结合。① 虽然其他国家对"APEC 方式"褒贬不一，但是这一方式至少阻止了亚太经合组织偏离其成立的初始原则。

第三，2001 年 10 月 20—21 日，中国主办了亚太经合组织第九次领导人非正式会议。这次会议适逢世纪之交，是在非同寻常的国际局势下召开的，"9·11"恐怖袭击事件的发生，不但使衰退中的世界经济雪上加霜，而且也使国际政治形势面临更多的不确定性。除亚太经合组织的传统议题如贸易自由化、便利化和经济技术合作等取得了突破性的进展外，还临时增加了反恐议程，并通过了《反恐声明》。另外，上海会议还通过了《亚太经合组织应对传染病战略》。这表明在新形势下，亚太经合组织成员的合作领域扩大了，已不局限于贸易投资自由化及其相关领域，而是从此向安全领域的合作（特别是非传统安全领域）迈出了一步。此后，2003 年的非典、2007 年的禽流感等都曾被纳入亚太经合组织议题。

第四，中国以实际行动体现出对亚太经合组织科技合作的支持，在多方面对亚太经合组织提供了技术、资金和其他方面的支持，有力地推动了亚太经合组织发展。1998 年 11 月，亚太经合组织第六次领导人非正式会议在马来西亚举行，江泽民倡议制定《走向 21 世纪的 APEC 科技产业合作议程》（以下简称《议程》）。为推动《议程》的实施，中国政府拨款1000 万美元设立了"中国—APEC 科技产业合作基金"，用于资助中国和其他成员在产业科技领域的合作。基金的宗旨是促进中国与亚太经合组织其他成员政府及企业的多、双边经济技术交流与合作，为中国改革开放和经济发展服务。

第五，中国成立了多个与亚太经合组织相关的机构，各相关部门参与亚太经合组织合作的广度和深度不断拓展，积极性、主动性进一步增强，重视利用亚太经合组织平台服务国内经济建设和对外经贸合作。中国推动先后在华设立了 APEC 环境保护中心、亚太财经与发展中心、APEC 电子工商联盟、APEC 技术转移中心、APEC 中小企业服务联盟、APEC 港口服务网络、亚太森林恢复与可持续管理网络、APEC 技能开发促进中心、

---

① "中国与 APEC"，参阅中国商务部网页 http：//www. mofcom. gov. cn/aarticle/bg/200207/20020700033019. html。

APEC 海洋中心等 APEC 相关机制，为中国各相关部门和地方更好参与 APEC 合作、加强同 APEC 成员的交流合作、推动 APEC 整体进程发挥了积极作用。① 2011 年 11 月 1 日，亚太经合组织海洋可持续发展中心（以下简称 APEC 海洋中心）成立。这是中国在 APEC 框架内成立的首个海洋合作机制，为 APEC 各成员共同探讨保护海洋生态安全、加强海洋开发与综合管理能力、确保沿海地区和海洋经济可持续发展提供了重要平台。②

　　随着经济环境的变化，中国也面临着在亚太经合组织与其他国际经济合作组织之间的政策选择。例如，加入世界贸易组织之前，亚太经合组织是中国参与多边经济合作的最重要的组织。二者的目的相同，都是要促进成员的贸易和投资的自由化，基本规则也相似。那么，加入世贸组织以后，中国就需要调整在亚太经合组织的战略。③ 又如，进入 21 世纪以来，全球范围内次区域自由贸易安排（RTAs）和双边自由贸易安排（FTAs）发展迅速。这些次区域和双边自由贸易安排一方面是对亚太经合组织的补充，但另一方面也是竞争。因此，在 FTAs／RTAs 对亚太经合组织的进程，尤其是贸易投资自由化进程的影响这一问题上，亚太经合组织内部始终存在两种不同的声音。支持的观点认为，FTAs／RTAs 的制度化实践可以有效加强亚太经合组织成员之间合作的深度，在处理一些敏感领域的问题上积累成功的经验，从而间接地促进亚太经合组织制度化进程的发展和茂物目标的实现。反对的观点则认为 FTAs／RTAs 固有的排他性和歧视性会对亚太经合组织贸易投资自由化进程产生消极影响，并削弱亚太经合组织的凝聚力。在这种情形下，中国一方面选择亚太经合组织成员签订双边贸易协定；另一方面，又要遵循亚太经合组织规定的 RTA/FTA 范例框架。④

（二）中国与东盟地区论坛

　　中国参与东盟地区论坛是中国尝试参加地区多边安全合作迈出的第一

---

　　① "中国与 APEC"，参阅中国商务部网页 http：//www. mofcom. gov. cn/aarticle/bg/200207/20020700033019. html。

　　② 《海洋与未来：合作与发展 —— 中国亚太经合组织（APEC）海洋可持续发展中心成立》，载《海洋世界》2011 年 11 期。

　　③ 相关分析参阅朱彤《我国加入 WTO 后在 APEC 总体战略的调整》，载《亚太经济》2003 年第 1 期。

　　④ 具体分析参阅刘晨阳、宫占奎《中国参与双边 FTAs 进程及其与 APEC 的政策协调》，载《亚太经济》2007 年第 2 期。

步。这是中国和东盟利益相互需求的结果。从东盟这一方面来看，进入 20世纪 90 年代以后，美国、日本及一些西方国家利用报纸杂志等新闻媒体开始宣传中国的发展对亚洲乃至世界将构成"威胁"，在国际上引发了一场关于"中国威胁论"的热议。这股"中国威胁论"的风潮对中国的近邻东南亚的中小国家有较大的影响。冷战时期，这些国家在超级大国斗争的夹缝中寻求生存，不但受制于大国，而且对外来的威胁有很大的恐惧。"中国威胁论"正好触及它们内心的疑虑。这些惶恐不安让东盟在酝酿建立亚太地区安全对话时就重视中国因素，试图将中国纳入进来，使它与地区安全结合在一起。正如来自东盟前任秘书长鲁道夫·C. 塞韦里诺（Rodolfo C. Severino）所言，"实际上，可以认为，东盟地区论坛的建立，是为了让中国——和俄罗斯以及东盟未来成员越南和老挝——能够参与地区安全磋商"①。为了促使中国参与，东盟还降低了安全论坛的约束性，强调中国在亚太安全中的分量。基于此，东盟国家达成一致，认为应该邀请中国参加到地区安全论坛对话中。在中国这一方面，"中国威胁论"给中国打开外交局面造成了一定的困难，而中国的改革开放和经济发展又需要一种友好的周边环境，参与维护地区安全，向世界昭示真诚的和平理念，这也需要一个国际平台。东盟地区论坛的松散性和广泛性也符合中国的外交需求。因此，1993 年 7 月，时任中国国务院副总理兼外长钱其琛应邀出席东盟外长后续会议，并在讲话中表明"中国今天不称霸，即使将来强大了、发展了，中国也不称霸"的和平理念。② 但中国也对论坛的性质提出了建议，强调论坛的对话性质，希望论坛成为亚太国家在政治和安全问题上扩大共识、增进信任的对话平台。1994 年，中国参加了东盟地区论坛，但在论坛的具体事务上并不活跃。③ 不过，作为一个对话沟通的平台，东盟地区论坛为中国阐释外交安全政策提供了很好的场合。在 1995 年第二届东盟地区论坛外长会上，钱其琛介绍了中国的国防政策及中国在南沙群岛问题上的主张，例如，逐渐减少以致停止针对某一论坛成员的海上、空中军事侦

---

① 鲁道夫·C. 塞韦里诺：《东南亚共同体建设探源——来自东盟前任秘书长的洞见》，第236 页。

② 《人民日报》1993 年 7 月 24 日。

③ 鲁道夫·C. 塞韦里诺：《东南亚共同体建设探源——来自东盟前任秘书长的洞见》，第237 页。

察活动、以某一论坛成员为假想敌的联合军事演习等。①

中国与东盟地区论坛关系的发展有几个具有标志性意义的事件。

第一个是在 1996 年第三届东盟地区论坛外长会上，与会的钱其琛在发言中提出希望论坛成员根据亚太地区的形势特点，培育新型地区安全观。这是中国政府第一次在国际场合公开倡议应建立"新安全观"。②

第二个是首个《中国国防》白皮书对东盟地区论坛的作用作出了肯定的评估。1998 年 7 月 28 日，中国政府首次正式公布《中国国防》白皮书，明确表示中国支持东盟地区论坛在建立信任措施领域创造性的探索。之后中国开始充分参与东盟地区论坛的合作，并且触及国防安全问题，让中国的军事安全走向透明化。例如，1999 年举办了东盟地区论坛中国安全政策培训班，2000 年的第四届东盟地区论坛国防大学校长会议和国防交流合作研讨会，2002 年的东盟地区论坛军事后勤保障社会化研讨会，以及 2004 年的首届东盟地区论坛安全政策会议在内的 5 次会议都与国防安全交流的内容相关。③

第三个就是 2001 年的"9·11"恐怖袭击。自此，在反恐合作的前提下，中国开始以更加积极的姿态参与东盟地区论坛。2002 年 5 月，中国在参加东盟地区论坛高官会议之前提出了关于非传统安全领域的动议——《关于加强非传统安全领域合作的中方立场文件》。中国表示，愿与各方开展在非传统安全领域的协调与合作，鼓励东盟地区论坛进一步开展非传统安全领域的对话与合作，为维护地区和平与稳定作出积极贡献。④ 2003年，中国积极推动东盟地区论坛的发展，支持东盟地区论坛逐步扩大国防官员参与，提议设立一个由高级国防和安全官员参与的安全政策会议（ARF Security Policy Conference）。中国的提议在东盟地区论坛上通过。2004 年发起并承办首次"东盟地区论坛安全政策会议"，填补了东盟地区论坛在高层国防官员对话领域存在的空白。⑤

近年来，中方高度重视论坛框架下的务实合作，承办了 30 多个合作

---

① 具体内容参阅《中国外交（1996）》，世界知识出版社 1996 年版，第 659 页。
② 苏浩：《从哑铃到橄榄枝：亚太合作安全研究》，世界知识出版社 2003 年版，第 407 页。
③ 《1998 年中国的国防》白皮书（国际安全合作部分）。
④ 参阅中华人民共和国外交部网页 http://www.mfa.gov.cn/chn//pds/ziliao/tytj/t4547.htm。
⑤ 王乔保：《十年来的中国军事外交——回顾与展望》，载《国际展望》（沪）2013 年第 2期。

项目，包括倡议成立安全政策会议、起草《ARF 救灾合作指导原则》等。[①] 2013 年，东盟地区论坛第 20 届外长会在文莱召开。中方协同文莱共同主办了两次建立信任措施和预防性外交会间辅助会议和国防官员对话会。4 月 11 日，东盟地区论坛国防官员对话会在上海举行；4 月 27—28 日，东盟地区论坛建立信任措施与预防性外交会间辅助会议在北京举行；10 月，东盟地区论坛的维和专家会议在北京召开。随着互联网的发展，网络安全问题日益成为国际关注的热点。中国深刻认识到，应对网络安全挑战离不开国际社会的协同努力。9 月 11—12 日，中国和马来西亚在北京共同举办了东盟地区论坛"加强网络安全措施研讨会——法律和文化视角"。这是中国首次在东盟地区论坛框架下主办网络安全研讨会。以此为契机，中国通过东盟地区论坛拓展网络安全合作，同有关各方在网络安全领域加强交流、增进互信、推进合作。

（三）中国与六方会谈

中国不是推动以多边框架对话解决东北亚安全问题的首倡国[②]，但却创造性地开启了这一对话框架并一直发挥建设性主导作用。至今，这一对话框架已经进行了六轮会谈，历经了十个年头。

对中国而言，朝核问题的和平解决是稳定周边环境的基础，也是改革开放以来中国发挥大国作用维护世界和平的契机。朝核问题不是一个简单的武器问题，涉及的也并不只是中国的利益，也有周边各大国的战略利益。

为了发挥中国在解决朝核问题上的积极作用，中国必须要有清晰的利益判断和明确的政策主张。基于朝鲜半岛无核化与和平的立场，中国在六方会谈的过程中彰显了协调斡旋的能力。关于中国在整个会谈的过程中的作用，第五轮谈判结束后，北京大学朝核问题专家朱锋教授有一段这样的评价："作为主办国，中国显示了外交声誉和外交能力。美朝双方如此对

---

① 《王毅出席东盟地区论坛外长会时强调中方高度重视论坛框架下的务实合作》，中华人民共和国外交部网页 http://www.fmprc.gov.cn/mfa_ chn/zyxw_ 602251/t1055332. shtml。

② 20 世纪 70 年代，韩国总统金大中就有这样的想法，1998 年，日本首相小渊惠三又重申这样的提议，但是没有得到其他国家的响应。参阅 Martina Timmermann and Jitsuo Tsuchiyama eds. , *Institutionalizing Northeast Asia: Regional Steps towards Global Governance*, United Nations University Press, Nov. 2008, p. 177。

立，中国却使态度强硬的美国采取了灵活的方式，使面对重重困难的朝鲜下定决心弃核。可以说，这次（第五轮）谈判中，美国的利益诉求后退，显示的不是美国意志的主导，而恰恰是中国与五国协调主导的结果。"① 也有专家提出，中国不能满足于在对立双方之间传递消息和斡旋劝和，中国的作用和价值在于：中国可以站在客观的立场上对事情本身的是非曲直作出独立判断，设计出一个公正合理、切实可行的解决方案。②

2004 年，中国方面表达了将会谈机制化的期望，这被认为中国对亚太地区次区域安全机制的建设采取了积极的态度。③ 在第二轮六方会谈召开之前，中国外交部发言人表示，中国希望六方会谈机制化。④ 2005 年第四轮六方会谈取得突破性进展之后，随之，中国战略研究界展开了六方会谈与东北亚安全机制化的探讨。任晓提出，六方会谈这样一种多边会议模式，为东北亚有关各方所认可和接受，具有进一步发展成长的潜力。如果能通过六方会谈进程最终成功地解决朝鲜半岛核问题，那就可能形成某种安全机制，为解决东北亚安全的其他问题创造条件。但是，建立东北亚多边安全机制的可能性究竟有多大，很大程度上取决于六方会谈的成败。⑤因此，六方会谈的意义已远远超出解决朝核问题本身，对于东北亚安全环境建设具有十分重要的意义。有人建议，六方会谈机制化应该成为东北亚安全环境建设的努力方向。⑥ 朱锋认为，在朝核问题上，多边谈判并非只是寻求安全保障的多边途径，而是期望通过问题解决进程带动建立地区多边安全机制。为此，加强现有六方会谈的制度建设、在六方会谈架构基础上发展出多边安全合作的能力建设，应该是实现这一目标的可靠途径。⑦

---

① 《"路要一步一步走"——阎学通教授、朱锋教授解析六方会谈〈共同声明〉》，杜唯采访整理，载《南方周末》2005 年 9 月 22 日。

② 张琏瑰：《政治智慧的考验——写在朝核问题第二轮六方会谈结束之时》，载《世界知识》2004 年第 6 期，第 33 页。

③ Martina Timmermann and Jitsuo Tsuchiyama eds. , *Institutionalizing Northeast Asia*：*Regional Steps towards Global Governance*, p. 177.

④ 2004 年 2 月 26 日，外交部发言人章启月就六方会谈答记者问中表示："中方赞成会谈的机制化，无论是成立工作组还是其他形式。"参阅新华网 http://news. xinhuanet. com/ziliao/2004—02/04/content_ 1297389_ 8. htm。

⑤ 任晓：《六方会谈与东北亚多边安全机制的可能性》，载《国际问题研究》2005 年第 1 期。

⑥ 石源华：《"六方会谈"机制化：东北亚安全合作的努力方向》，载《国际观察》2005 年第 2 期。

⑦ 朱锋：《六方会谈的制度建设与东北亚多边安全机制》，载《现代国际关系》2007 年第 3 期。

这一目标的迈进在 2007 年 2 月 8—13 日，第五轮六方会谈第三阶段会议之后表现出来。这次会议发表了《落实共同声明起步行动》共同文件（2·13 共同文件），其中一条就是六方同意设立"东北亚和平与安全机制工作组"。① 2007 年 3 月 16 日，六方会谈东北亚和平与安全机制工作组会议在俄罗斯驻华使馆举行。中国、俄罗斯、朝鲜、韩国、美国和日本六国有关官员参加了此次会议。

2009 年朝鲜宣称不再参加六方会谈，六方会谈陷入停滞。但是中国并没有停止重启六方会谈的努力。先后提出了先朝美接触，后预备会议，最后正式重启六方会谈的"三步走"方案和举行六方团长紧急磋商等建议。2011 年 1 月以来，朝鲜多次表示愿无条件重返六方会谈。2011 年 7 月 22 日和 9 月 21 日，朝韩六方会谈团长先后两次举行南北无核化对话。2011 年 7 月 28—29 日、2011 年 10 月 24 日、2012 年 2 月 23—24 日，朝美先后举行三次高级别对话，并各自于 2012 年 2 月 29 日发表在第三次对话中达成共识（简称 2·29 共识），核心内容是朝鲜承诺暂停核试验、暂停远程导弹试射、暂停宁边铀浓缩活动，并就暂停铀浓缩活动接受国际原子能机构的监督；美国承诺向朝鲜提供 24 万吨营养食品援助。

然而，上述努力的进程随着 2012 年 4 月 13 日，朝鲜发射"光明星 3 号"卫星引起美日韩的强烈反应而再次停滞。2013 年 5 月 22—24 日，朝鲜劳动党第一书记金正恩特使、朝鲜劳动党中央政治局常委崔龙海访华。朝方高度赞赏中方为维护半岛和平稳定、推动半岛问题重回对话协商轨道所做的巨大努力，愿接受中方建议，同有关各方开展对话。2013 年 6 月 16 日，朝鲜国防委员会发言人发表重大谈话，表示半岛无核化是金日成和金正日的遗训，是朝鲜党和国家及万千军民必须实现的政策性课题，强调无核化是整个朝鲜半岛的无核化，同时提议同美国举行政府间高级别会谈，就缓和军事紧张状态、把停战机制转换为和平机制、美国提出的"建设无核世界"等诸多问题进行广泛认真的商讨。此后，美国白宫和国务院发言人相继表态，称美对在六方会谈框架下与朝举行双边对话持开放态度，但朝方必须履行其国际义务，并为弃核采取可信任的措施。

坚持实现朝鲜半岛无核化，坚持维护朝鲜半岛和东北亚地区的和平稳

---

① 参见外交部网站"朝鲜半岛核问题六方会谈"的内容，网址为 http：//www.fmprc.gov.cn/mfa_ chn/wjb_ 602314/zzjg_ 602420/yzs_ 602430/dqzz_ 602434/cxbdhwt_ 602548/。

定，坚持以对话协商解决问题，是中方一贯立场，也是中方处理朝鲜半岛核问题的出发点和落脚点。中国将继续发挥建设性作用，努力推动早日重启六方会谈，通过会谈进程全面均衡落实"9·19"共同声明，为实现半岛无核化和本地区的长治久安作出不懈努力。①

结语：认知、认同和参与

中国对亚太多边合作的看法经历了一个认知、认同和逐渐参与的过程。这个过程既受国际大环境的影响，也有中国国内改革开放战略内在需求的因素。然而，这个过程并不是一蹴而就的。

这个过程与中国在国际体系中的定位密切相关。改革开放以前，中国对很多国际多边机制的作用心存疑虑，担心这些机制是西方国家所利用的工具，因此只是积极参加第三世界国家占多数的国际组织，例如联合国。20世纪80年代末，随着亚太地区经济合作进入热潮，中国开始积极主动地认清周边环境的变化，并且采取了积极融入的措施。中国开始进入亚太多边合作的初始动力是参与亚太地区的经济合作，对于政治和军事合作的态度是谨慎而模糊。1997年亚洲金融危机是亚洲国家加强区域内合作的一个转折点，也是中国深入参与亚太多边合作的转折点。在这次危机中，中国发挥了稳定亚太市场的作用，树立了负责任大国形象，从此，中国也加强了参与多边合作的信心，开始参与到更广泛的合作领域，并主动提出中国的主张，在某些领域发挥积极作用。这个过程实际上也是中国与国际体系的关系经历的一个从负面反对到正面认同的过程，表明中国从国际体系外的、挑战型的、革命性的国家，逐步转变成了认同并主动融入现存国际体系并在其中发挥重大作用的现状性国家。②

中国的认知与参与同国际环境的变化密切相关。冷战结束后，国际体系由两极向多极化转变，世界格局在走向全球化的同时，区域化趋势也日益加强。中国并不想成为国际体系之外的孤立者，因此，首先要适应变化了的国际体系，然后使现存的国际体系也接受中国的变化，这种互动的方

---

① 参见外交部网站"朝鲜半岛核问题六方会谈"的内容，网址为 http://www.fmprc.gov.cn/mfa_chn/wjb_602314/zzjg_602420/yzs_602430/dqzz_602434/cxbdhwt_602548/。

② 秦亚青：《国家身份、战略文化和安全利益》，《世界经济与政治》2003年第1期。

式就是参与。在参与全球性合作之前或者同时，参与地区性合作不失为一个上选的战略。例如，当中国改革开放的政策实施之后，积极寻求加入世界贸易组织。在世贸组织谈判举步维艰的情况下，中国抓住了时机，先期加入了亚太经合组织，并积极推动该组织的发展，打开了通向世界贸易的地区窗口，同时，领导人也找到了与其他国家领导人沟通的一个地区性平台。虽然六方会谈并没有起到让朝鲜弃核的作用，但中国对东北亚局势的判断是谨慎的，不管该地区安全局势如何起起伏伏，中国始终没有放弃积极推动与其他国家进行谈判斡旋的努力，至少保证了该地区的相对稳定。如果说前者是中国为了适应世界的变化而采取行动的话，后者则是中国积极发挥影响力的一个案例。

从先期加入亚太经合组织到积极推动六方会谈，当前中国参与亚太多边合作的情况表明中国已经全面介入这一地区的经济、政治和安全合作。中国经济发展的态势促使中国继续加深参与经济和贸易合作的深度和广度。而且，东亚国家搭中国经济发展便车的需要也使得地区经济合作在政治安全方面，中国是谨慎并且保持距离的，其中台湾问题和南海争端是首要考虑的因素。中国不希望在多边框架内将台湾问题和南海争端国际化，更不乐见美国因素的介入让这些问题变得更加复杂。

第三章

美国对亚太多边合作的认识和参与

哈佛大学肯尼迪学院加拿大籍教授迈克尔·伊格纳提夫（Michael Ig-natieff）对当代美国外交政策有过这样一句总结："当美国想要单边行动的时候就采取单边政策，不得已的时候就采取多边政策。"澳大利亚学者安德鲁·马克（Andrew Mack）评论美国的亚太政策时，认为美国的亚太政策是"双边主义加'照单点菜'式的多边主义"。当它希望成为多边时，它就是多边的，而当它不能根据其喜欢的双边模式行动时，就采取单边主义。① 其实，这两种评论都准确描述了美国政府对待东亚多边合作的实用主义态度。

第一节　美国对亚太多边合作的认识

（一）冷战期间美国与亚太多边合作

第二次世界大战结束初期，美国在欧洲建立了行之有效的多边军事合作机制——北大西洋公约组织，在亚洲构筑了以美国为轴心的"轮轴—轮辐式"双边同盟体系结构。20 世纪 60 年代中后期，随着越南战争的升级和美国国际收支的恶化，美国政府曾经试图追求在亚洲的多边合作目标。时任总统约翰逊及其国务卿腊克斯、罗斯托等人认为，民族主义的狭隘目标不足以对付现实问题，只有通过地区合作，才能使"安全、繁荣和稳定得到保障"②。1965 年 4 月 7 日，约翰逊总统在约翰·霍普金斯大学作了题为

---

① Andrew Mack, "The United States and the Asia-Pacific: Bilateralism Plus Multilateralism? à la Carte", in David M. Malone and Yuen Foong Khong eds. , *Unilateralism and U. S. Foreign Policy: International Perspective*, Lynne Rienner Publishers, 2003, p. 375.

② 刘绪贻、杨生茂主编：《美国通史》第 6 卷，人民出版社 2002 年版，第 292 页。

"实现和平无须征服"（Peace Without Conquest）的演讲，极力支持亚洲国家之间的多边合作，尤其呼吁东南亚国家团结起来，扩大合作。与其讲话相呼应的结果就是 1965 年成立了亚洲开发银行。1966 年 10 月 17 日至 11 月 2 日，约翰逊利用参加马尼拉会议的机会，对亚洲进行了为期两个多星期的访问。所到之处，他总是尽力宣扬推进亚洲地区合作。但是，他所强调的是亚洲国家相互之间的合作，美国以及其他西方国家的作用是在"被需要或被邀请时"帮助实现完成合作。[①] 在肯尼迪时期，美国曾经有一个关于亚太的新设想：如果以美国为主的军事力量能辅之以日本牵头的工业力量，再利用东亚其他地区的人力和自然资源，就能逐步形成一个符合美国长远利益的太平洋经济政治共同体。[②] 约翰逊担任副总统和总统期间其实推动了三个亚洲多边合作组织的成立或发展：亚洲开发银行、亚洲与太平洋理事会（ASPAC）和东南亚条约组织（SEATO）。这三个组织其实涵盖了经济、安全和政治三个方面。多年来，亚洲开发银行承担了很多发展援助的义务，东南亚条约组织成立于 1954 年，是一个类似北约的防务条约组织，其作用在 20 世纪 60 年代才得到加强，而亚太理事会则主要处理政治问题。不过除了亚洲开发银行发展到今天外，其余两个多边合作组织渐渐销声匿迹。约翰逊的建议在美国国内当时也并未得到支持或受到重视，因为人们关注的是美国如何从战争的泥潭中走出来。同时，日本成为经济强国之后，美国对日本的兴趣几乎仅限于日本在越战问题上对美国的支持，顾不上将太平洋共同体的设想付诸实施。[③] 到了尼克松时期，美国希望尽快走出越战的泥潭，进行了政策调整，尼克松主义出台。尼克松上台初期，坚持称中国是"对和平的最大威胁"，开始让美国的亚洲盟国在美国减少亚洲驻军的过程中分担责任，目的在于建立一个"把亚洲的力量结合起来，以抵制中国图谋的共同体"。后来随着中美关系的缓和，以及东南亚条约组织式微，东盟国家不同程度地走上稳定发展的道路，美国以自己的军事力量为核心建立"集体安全体系"的遏制战略思想也为其他战略所代替。[④]

---

① Walt Whitman Rostow, *The United States and the Regional Organization of Asia and the Pacific*: *1965 – 1985*, Universtiy of Texas Press, First Edition, 1986, p. 13.

② 王缉思：《冷战时期美国对东亚政策思想的演变》，载《世界历史》1988 年第 2 期，第 118 页。

③ 同上，第 119 页。

④ 同上，第 119—120 页。

20 世纪 70 年代至 80 年代初期，建立一个亚太多边合作机制的想法和提议又开始在学者和少数政治人物中间探讨，但基本上仅停留在经济层面。其原因是：第一，相对于美国的霸权，该地区的国家与美国的对抗力较弱，地区安全合作对于美国来说没有太大意义；第二，双边军事同盟关系为美国控制该地区的盟友提供了有效工具。[①]

然而，之前多边政治、军事合作试验的失败，以及国内的不支持导致这一时期美国政府对亚太地区的多边合作一直持冷淡和消极态度。之后，东亚地区的多边合作一直由美国学者参加，政府没有实质性的参与。[②] 20 世纪 70 年代，日本首相大平正芳提议建立一个泛太平洋组织。这个提议当时得到了美国国会的重视[③]，美国派代表参加了 1980 年在堪培拉举行的太平洋经济合作会议（Pacific Economic Cooperation Conference，PECC）。太平洋经济合作会议是非官方性质的，但美国参与的原因是"支持发展地区合作对提升美国政府的形象有重要的作用"[④]。1983 年，里根总统委派了一位太平洋地区大使（Pacific Ambassador），但这位大使是一位不折不扣的太平洋地区合作怀疑论者。1989 年，另一位太平洋大使在作证时开始强调建立一个地区机制，确保美国在亚太地区的保护伞作用，以及美国对该地区市场的占领、对民主的支持等。[⑤] 1989 年前后，里根政府国务卿乔治·舒尔茨及两位参议员曾经提议在该地区构建政府间政治协商机制，但这些提议只得到了学术界和少数面向太平洋的企业的响应。

（二）冷战后美国历届政府对亚太多边合作的态度

冷战结束前后，东亚的政治经济经历了重大的结构性和机制性变化。多层次、多渠道的多边合作呈现出良好的发展势头，以多边方式处理该地区国际问题的趋势日益加强。这些变化表明，东亚政治经济正经历着重新组合，这种组合正日益增强亚洲国家的战略互信，培育集体认同，甚至形

---

① Amitav Acharya, "Multilateralism: Is There An Asia-Pacific Way?" *NBR Analysis*, Vol. 8, Num. 2, 1997, pp. 3 - 7.

② Donald Crone, "Does Hegemony Matter? The Reorganization of the Pacific Political Economy", *World Politics*, Jul. 1993, p. 514.

③ Ibid., p. 514.

④ Ibid., p. 515.

⑤ Ibid., p. 518.

成了多边合作的"亚太方式"①。有人认为，这种战略互信和集体认同在一定程度上削弱了近半个世纪以来美国在东亚的霸权②，也逐渐改变美国朝野对东亚多边合作的看法。美国政府官员和专家学者纷纷开始对此发表评论，分析东亚合作给美国利益带来的影响，并向政府提供了一些政策建议。

1. 老布什政府对东亚多边合作的态度

1989年1月，澳大利亚前总理霍克提议成立亚太经合组织并在日本的支持下付诸行动后，刚刚上台的老布什政府对这个以经济和贸易合作为主旨的多边机制开始采取积极参与的态度。时任美国国务卿詹姆斯·贝克亲自出面，进行积极的外交努力，使美国成为第一批加入亚太经合组织这个多边组织的成员。然而，美国依然对多边安全持怀疑和警惕的态度，而且一直倾向于认为，苏联之所以积极主张在亚洲建立集体安全体系，是为了削弱美国在该地区的影响，甚至是将美国力量从亚洲地区赶出去。③

1990年，加拿大和澳大利亚外长首先提出在亚太地区建立一个类似欧洲安全合作组织的多边安全框架。加拿大外长乔·克拉克（Joe Clark）建议将欧安会模式进行改进后应用到北太平洋地区，而澳大利亚外长加里斯·埃文斯（Gareth Evans）则提出，在亚洲地区完全套用欧安会模式，并将它命名为亚安会（CSCA）。但老布什政府对这两个关于亚洲安全问题进行地区性多边对话的倡议相当冷漠，甚至将地区多边安全论坛或制度视为"令人厌恶的东西"（anathema），认为它们会削弱双边同盟在美国东亚战略中的核心地位。④ 美国国务卿詹姆斯·贝克当时要求澳大利亚撤回亚安会建议，他的理由是，这会给美国造成麻烦。⑤ 不过，在加入亚太经合组织时，他的论调则是：在亚太盆地国家间建立多边合作体系的时代已经

---

① Amitav Acharya, "Multilateralism: Is There An Asia-Pacific Way?" pp. 3 – 7.

② Mark Beeson, "Does Hegemony still Matter? Revisiting Regime Formation in the Asia-Pacific", paper for the conference "Globalisation and Economic Security in East Asia: Governance and Institutions", held on Sep. 11 – 12, 2003, Singapore.

③ Ok-Nim Chung, "Solving the Security Puzzle in Northeast Asia: A Multilateral Security Regime", CNAPS Working Paper, Sep. 1, 2000, available at: http: // www. brookings. edu/fp/cnaps/paper/2000_ chung. htm.

④ Evelyn Goh, "The ASEAN Regional Forum in United States East Asian Strategy", The Pacific Review, Vol. 17, No. 1, Mar. 2004, p. 51.

⑤ Dong-Man Suh, "Current Status and Future Tasks of Multilateral Security Cooperation in Northeast Asia", Korea Journal, Vol. 41, No. 2, Summer 2001, p. 150.

来临，美国"卷入这样一个新体系的创建显示了我们对该区域全面的和正在进行中的广泛参与"①。其前后矛盾的态度表明，美国在亚太地区的多边参与中是非常功利性的，而且倾向于停留在经贸合作层面，而不愿让任何多边机制危及其在该地区的双边同盟安全体系。

1992 年，东盟国家开始积极筹划建立多边安全对话机制，随后中国开始逐步改变对多边安全的怀疑态度，日本、中国等对美国霸权地位带来的挑战开始对美国的亚太战略产生深远的影响。正如加拿大学者保罗·埃文斯（Paul Evans）所观察到的那样，在老布什政府的后期，美国对待亚太多边安全合作的态度发生了实质性的变化。② 几个月前还对多边安全倡议表示忧虑的詹姆斯·贝克 1991 年 11 月在东京发表演讲，开始承认多边行动可以补充双边安排。紧接着，他又在《外交事务》杂志上撰文，指出亚洲安全的维持越来越取决于一套灵活而特定的政治与防务互动，"我们应该重视采取多边行动的可能性，而不能将自己封闭在某种过于结构化的途径中"，因为"功能应该决定形式"。③

2. 克林顿政府的态度

克林顿政府时期，美国对东亚多边合作的态度和采取的行动发生了很大变化，开始积极支持在亚太地区建立和发展多边安排。1993 年 3 月 31日，时任亚太事务助理国务卿温斯顿·洛德（Winston Lord）在参议院对外关系委员会作证时提出建立亚太新世纪的概念，将多边合作称为克林顿政府在东亚地区的十大优先政策之一。④ 他在这次听证会上的讲话被认为是"美国对多边安全态度发生变化的第一个明确信号"⑤。他提出的主张和"新太平洋共同体"（A New Pacific Community，也有人称为"亚太共同

---

① 1989 年 6 月 26 日贝克在纽约亚洲协会的讲话中如此表示。*The Wall Street Journal*, Jun. 27, 1989.

② Paul M. Evans, "Reinventing East Asia", *Harvard International Review*, Vol. 18, Issue 2, Spring 1996, pp. 16 – 22.

③ James A. Baker, "America in Asia: Emerging Architecture for a Pacific Community", *Foreign Affairs*, Vol. 70, No. 5, 1991/1992, pp. 5 – 6.

④ "Excerpts from Ambassador Winston Lord's Confirmation Hearings", in Pacific Forum, CSIS, *Pacnet*, Apr. 7, 1993, available at: http://www.csis.org/pacfor.

⑤ Ralph A. Cossa, "U. S. Views Toward Northeast Asia Multilateral Security Cooperation", http://www.ciaonet.org/wps/akf01/. Also see, Ralph A. Cossa, "An East Asian Community and the United States: An American Perspective", in Ralph A. Cossa, Akihiko Tanaka, *An East Asian community and the United States*, The CSIS Press, 2007.

体"）这个概念很快被克林顿总统采纳，并在其当年 7 月对日本和韩国的访问中被广泛宣扬。克林顿在访问韩国时提出，亚太地区安全领域的四大目标之一就是促进新的多边安全对话。① 在这一主张的推动下，美国提议将亚太经合组织部长级会议提升为峰会，并于当年 11 月主办了第一次领导人非正式会议。这对亚太经合组织机制化进程、美国与这一组织的关系，以及美国对东亚多边合作的参与具有里程碑式的意义。

1995 年，克林顿政府助理国防部长约瑟夫·奈（Joseph Nye）在《外交》杂志上解释美国当时的东亚战略时，把建立多边安全机制视为同前沿军事部署、加强双边军事同盟，以及扩展非盟国的安全联系这三者并列的、美国东亚安全战略的四大支柱之一。② 奈指出，地区制度"为该地区在较长时期内的制度演变提供了前景。在经济领域，克林顿政府进行了较大的努力来发展和加强亚太经合组织论坛。在安全领域，它支持东盟地区论坛。此外，克林顿政府正在发展同该地区许多国家，包括中国、俄罗斯以及东南亚国家的双边安全对话。有些这样的对话可能朝多边方向演变。例如，克林顿政府在东北亚国家之间进行非政府间的对话，以试图建立一个东北亚安全对话机制。这些多边活动将补充我们的双边关系"③。

克林顿政府对亚太多边安全的积极支持态度还清楚地反映在 20 世纪 90 年代美国国防部发表的 4 份战略报告里，特别是 1995 年和 1998 年美国国防部发表的两份战略报告。这些报告首先强调的都是美国在东亚的双边军事同盟和前沿军事部署对该地区的安全和稳定起着"关键"的作用。但同时也开始对在亚太地区探索、利用和发展新的多边安全机制表现出较大的兴趣。1995 年 2 月，美国国防部发表的《东亚战略报告》中有一部分是"希望探索新的多边安全倡议"（The Desirability of Exploring New Multilateral Security Initiatives）。④ 1998 年《东亚战略报告》中提出了"安全多元主义"（securi-

---

① William J. Clinton, "Remarks by the President in Address the National Assembly of the Republic of Korea", Jul. 10, 1993, The White House.

② Joseph S. Nye, "The Case for Deep Engagement", *Foreign Affairs*, Vol. 74, No. 4, Jul. / Aug. 1995, pp. 94 - 102; Joseph S. Nye, "Shaping the New Pacific Triangle", *Blueprint Magazine*, Jan. 1, 2000, available at: http: //www. ppionline. org/ppi_ ci. cfm? knlgAreaID = 450004&subsecID = 900021&contentID = 1327.

③ Joseph S. Nye, "The Case for Deep Engagement".

④ U. S. Department of Defense, Office of International Security Affairs, United States Security Strategy for the East Asia-Pacific Region, Feb. 1995.

ty plurlism）的概念。根据这个概念，美国希望东亚的多边合作成为其东亚双边同盟战略的补充。① 该报告还大力赞扬了东盟机制论坛的作用。

克林顿政府对多边安全的支持并非仅仅流于言语层面上，也体现在实际的政策行动当中。这主要表现在三个方面，一是积极参与东盟地区论坛、亚太安全合作理事会等地区性的多边安全会议。例如，自 1994 年 7 月举行首届东盟地区论坛会议以后，美国一直派出美国国务卿和一位来自国防部的高级代表（通常是助理国防部长帮办级别）参加；另外，还积极参与论坛会议的小组行动。二是在国内设立了相应的机构来促进亚太地区的多边安全活动，其中最著名的是亚太安全研究中心（Asia-Pacific Center for Security Studies，简称 APCSS）。该中心隶属于美国国防部，同美军太平洋司令部各大军种及美国政府保持密切的联系，它是作为美国对亚太国家实行积极安全接触战略的一种补充。至今，该中心已经组织和主办了不少多边安全会议和论坛，其中影响较大且定期化的是太平洋专题研讨会。三是单独或共同创设了不少政府间和非政府间的多边安全安排，如朝鲜半岛能源开发组织、三方协调监督小组、四方会谈和东北亚合作对话等。

从克林顿政府时期美国对东亚多边合作的参与态度和行为来看，美国似乎在寻求某种平衡，一方面美国不能让东亚多边合作危及其双边同盟安排，另一方面又不能在国际事务上完全摆脱与东亚国家的多边合作，或放任东亚国家脱离美国自行联盟。鉴于亚太地区并没有出现主导地区事务的单个力量，美国不太可能采取军事干预的方式介入亚太地区的冲突，因此，美国对东亚多边的参与是试图寻找一种新的介入途径，也就是说，"在地区冲突完全爆发之前，多边安全对话将作为宣泄地区不满的安全阀门"②。同老布什政府相比，克林顿政府对多边安全合作的支持，不单单是为了表明美国将继续在亚太地区维持安全义务的决心，而且从根本上反映了它追求"价值导向战略、自由制度主义和多边主义"的倾向。不过，克林顿政府依然将前沿军事存在和双边同盟视为美国在亚太地区安全战略的基石，而将多边安全作为一种补充性的安排。应该说，到目前为止，美国的这样一种立场一直没有变化。

---

① Marthew Augustine, "Multilateral Approaches to Regional Security: Prospects for the Cooperation in North Korea", *The Korean Journal of Defense Analysis*, Autumn 2001, pp. 295 – 317.

② Sheldon W. Simon, "East Asian Security", *Asian Survey*, Vol. XXXIV, No. 12, Dec. 1994, pp. 1050 – 1051.

3. 小布什政府的态度

2001 年乔治·W. 布什上台之后，其成员大多是保守主义者或所谓的"新保守主义者"（neo-conservatives），他们更加偏好于通过军事力量和单边手段来实现政策目标。因此，美国的外交政策被认为涂上了浓厚的"单边主义"色彩。例如，明确反对克林顿政府在 1996 年就签署的《全面禁止核试验条约》（CTBT），撕毁《京都议定书》，抵制《反弹道导弹条约》等。不过，在东亚地区的实际政策选择中，其多边倾向仍然是很明显的。也就是说，小布什政府在处理国际事务时虽然缺乏对多边主义的信念支持，但倾向于将多边主义作为一种工具来实现特定的政策目标和利益。2001 年 9 月 11 日，恐怖分子袭击美国以后，布什出席在上海召开的亚太经合组织领导人非正式会议及其发表的讲话表明，美国没有放弃在东亚的多边合作，而且将亚太经合组织作为美国推进反恐战略、构建亚洲反恐联盟的第一个多边工具。此后，小布什政府在历届亚太经合组织会议中，开始积极推出各种与反恐有关的议题。以反恐为基点，美国官员在谈论亚太经合组织时，更多、更明确地赋予了它安全的功能。时任国家安全事务助理康多利扎·赖斯（Condoleezza Condi Rice）曾特别强调，应该让亚太经合组织成为一个处理亚洲安全问题，进行多边合作的平台。① 2002 年国情咨文中，布什将朝鲜称作"邪恶轴心"国家，但并没有放弃以多边合作的方式解决东北亚安全问题的努力。2002 年 8 月，鲍威尔在参加东盟外长会议时提出东盟合作计划（ASEAN Cooperation Plan），意在加强美国与东盟的关系。2004 年 6 月 2 日，负责东亚事务的助理国务卿詹姆斯·凯利（James Kelly）在众议院国际关系委员会作证时特别强调地区多边组织在东亚的作用，承认它们是地区合作的支柱，并提出：鉴于东亚多边合作迅速加强，而且有的将美国排除在外，美国应该促进其参与的东亚地区组织，如亚太经合组织、东盟和东盟外长论坛。②

小布什政府在亚太地区最主要的多边安全努力是坚持通过六方会谈来解决朝鲜核问题。自 2002 年 10 月朝鲜第二次核危机爆发以来，小布什政府一直拒绝同朝鲜进行双边谈判和接触，而是主张要在多边框架下处理朝

---

① Condoleezza Rice, "Robust Engagement with Asia", *The Wall Street Journal*, Oct. 24, 2003.

② Ralph A. Cossa, "US Approaches to Multilateral Security and Economic Organizations in the Asia-Pacific", p. 197.

鲜核问题，"六方会谈"进程随后启动。美国在解决朝核问题中采取的这种多边化和地区化的方法，事实上体现了美国一种新的地区安全思路。

4. 奥巴马政府的态度

2005 年东亚峰会召开。峰会将美国排除在外，开始引起华盛顿的高度关注。[①] 奥巴马上台之后不久，美国外交协会发表了由两名亚洲问题专家方艾文（Evan A. Feigenbaum）和曼宁（Robert A. Manning）撰写的报告——《新亚洲的美国》（*The United States in the New Asia*）。报告认为，这些排斥美国参加的多边亚洲组织，包括优惠贸易协定、金融安排和各种规则与标准将不利于美国公司的发展和阻碍美国的目标实现，最终会使美国边缘化。因此，美国应该发展一种有目的性的多边主义（purposeful multi-lateralism），即通过新观念的主导和有活力的经济接触，重新定位美国在亚洲的作用。[②]

虽然小布什在其执政后期开始调整单边主义政策，往多边合作回归，然而，时任国务卿赖斯几次没有参加东盟峰会，同时，东亚峰会等几个多边机制的发展过程中也没有美国的参与，这成为人们诟病布什政府亚洲政策的最充分理由。奥巴马上台后，为了体现与布什政府不同的变革思路，其亚洲政策的核心之一就是强调地区性机构在亚洲的重要作用，明确强调美国应积极参与地区经济和安全合作机制，增加美国参与多边合作的灵活性和创造性。[③] 这种政策的调整首先体现在 2009 年 7 月，美国签署《东南亚友好合作条约》（TAC），成为《东南亚友好合作条约》第 16 个区域外成员。这个条约的签署，以及国务卿希拉里·克林顿多次参加东盟的会议，甚至造访位于雅加达的东盟秘书处，被认为是奥巴马政府上台后对东盟的重视。2009 年年底，奥巴马总统首次与东盟 10 国领导人会晤，全面启动"美国—东盟峰会"机制，进一步加强与东盟国家的军事、政治和伙伴关系。2011 年，奥巴马参加东亚峰会，成为第一个出席这一地区性多边会议的美国总统。他竞选连任成功即出访东亚，行程之一就是参加了东盟

①　Salmy Hashim, "East Asia Summit Draws Washington's Attention", Bernama, Kuala Lumpur: Dec. 13, 2005, p. 1.

②　Evan A. Feigenbaum, and Robert A. Manning, *The United States in the New Asia*, Council on Foreign Relations, 2009, p. 4.

③　Hillary R. Clinton, Remarks on "Regional Architecture in Asia: Principles and Priorities", Imin Center-Jefferson Hall, Honolulu, Hawaii, Jan. 12, 2010, available at: http://www.state.gov/secretary/rm/2010/01/135090.htm.

峰会。除此之外，美国还参加了一系列"小型多边"会议例如下湄公河倡议（Lower Mekong Initiative）等。下湄公河倡议支持柬埔寨、老挝、泰国、越南和缅甸的教育、卫生和环境项目。2012 年 8 月 31 日，国务卿希拉里·克林顿甚至到访人口仅 10777 人的库克群岛（Cook Islands），在这里参加南太平洋地区各国领导人的会议。在美国的外交地图上，这些岛国曾经无足轻重，但是在美国参议院 2011 年的一个听证会上，希拉里认为美国"正与中国竞争"该地区的政治和商业影响，中国已把南太平洋各国领导人请到北京，"款待他们"。① 所以，希拉里对该地区的造访被认为把南太平洋变成与中国在亚洲争夺地缘政治影响力的全面较量的一部分。

美国参与多边合作的积极态度还体现在对"跨太平洋伙伴关系协定"（TPP）谈判的推动上。2009 年 11 月在新加坡举行的亚太经合组织领导人非正式会议上，奥巴马总统宣布美国加入"跨太平洋伙伴关系协定"的谈判，自此，"跨太平洋伙伴关系协定"这个名词开始得到高度关注。

（三）军方的立场

冷战期间，美国在东亚构建的双边同盟主要是军事同盟。五角大楼反对在东亚采取与欧洲同样的多边安全政策，因为美国认为其在这一地区的力量明显地优于苏联，所以没有必要采取集体防卫。② 在行动上，除了进行一些有限的多边军事合作演习之外，美国在亚太地区的多边安全努力基本上限于较低层次的军官之间的对话。其中有较为成功的两个例子，它们是始于 1971 年的太平洋陆军高级军官后勤保障研讨会（The Pacific Armies Senior Officer Logistics Seminar, PASOLS）和始于 1978 年的太平洋陆军管理研讨会（The Pacific Armies Management Seminar, PAMS）。这两个多边安全论坛主要是由美国军方（主要是美军太平洋司令部）创办的，并一直延续至今。不过，它们的层次比较低，而且主要目的是促进现役军官之间的对话与理解，通常避免讨论具有争议性的问题。

20 世纪 90 年代，美国国防部出台了 4 个有关亚太安全战略的报告。这些报告首先强调的都是美国在东亚的双边军事同盟和前沿军事部署对该

① Geoff Dyer, "Clinton Eyes South Pacific Influence", *The Financial Times*, Aug. 30, 2012.

② Andrew Mack, "The United States and the Asia-Pacific: Bilateralism Plus Multilateralism? à la Carte", p. 388.

地区的安全和稳定起着"关键"的作用。但同时也开始对在亚太地区探索、利用和发展新的多边安全机制表现出较大的兴趣。1995 年 2 月美国国防部发表的《东亚战略报告》中有一部分是"希望探索新的多边安全倡议"（The Desirability of Exploring New Multilateral Security Initiatives）。1998 年《东亚战略报告》中提出了"安全多元主义"（security plurlism）的概念。根据这个概念，美国希望东亚的多边合作成为其东亚双边同盟战略的补充。① 该报告还大力赞扬了东盟论坛机制的作用。报告在论述美国在东亚地区的战略目标时，提出将继续以克林顿总统关于建立一个新的"太平洋共同体"的设想为基础，加强美国作为在更加一体化的亚太地区维护稳定的作用。值得注意的是，在朝鲜半岛问题上，该报告肯定了中国在东北亚多边安全对话中的作用，认为"中国已经成为一支和平与稳定的力量。它帮助我们说服朝鲜冻结其危险的核计划，在'四方会谈'中发挥了建设性作用"。并继续"鼓励中华人民共和国通过在东盟地区论坛、亚太经济合作组织和东北亚安全对话中的积极合作来发挥在国际事务中的建设性作用"。

另外，也有一些五角大楼的官员在不同场合表示，要利用多边对话或合作推进美国在亚太的军事安全战略。1998 年 1 月 12 日，时任美国国防部长科恩（William Cohen）在会见日本《读卖新闻》记者时，强调了这样的方针：作为亚太地区的安全保障政策来说，美国将推进多国之间的对话与合作。他认为，东盟地区论坛这样的多边安全对话机制讨论安全利益是有益的，但如果设想召开关于整个亚洲的国防部长会议，则"为时尚早"。他特别希望中国"进一步参与地区（安全）问题的讨论"。同年 5 月 7 日，美国国防部副部长沃尔特·斯洛科姆（Walter Slocombe）在众议院国际关系委员会亚洲和太平洋事务小组委员会举行的一次听证会上论述了美国在东亚地区的安全战略问题。他提出四项基本战略任务，其中之一就是抓住诸如东南亚国家联盟地区论坛和东北亚合作对话等这样的多边论坛提供的机会，加强该地区大国之间的相互信任。②

克林顿政府时期，美国军方还创建了三个新的多边安全论坛：太平洋

---

① Marthew Augustine, "Multilateral approaches to Regional Security: Preopects for the cooperation in North Korea", *The Korean Journal of Defense Analysis*, Autumn 2001, pp. 295 – 317.

② Tradition and Transformation, U. S. Security Interests in Asia: Hearing Before the Subcommitee on Asia and the Pacific of the Committee on International Relations, House of Representatives, One Hundred Fifth Congress, Second Session, May 7, 1998.

地区空军参谋长会议、太平洋地区防务首长会议和太平洋地区陆军参谋长会议。美军太平洋司令部总司令约瑟夫·普鲁赫指出："除了联合国和像东盟地区论坛这样的地区性组织外，亚太地区没有更大的地区制度来协调国家间冲突性的抱负。我们必须努力构建这类制度来促进安全与稳定。"①太平洋司令部前司令丹尼尔·布莱尔对待东亚多边安全合作的观点更为积极。2000 年 3 月 16 日，他在卡内基国际和平基金会发表演讲，谈到有关东亚地区多边军事安排的前途。他认为，"除了国家利益和国家权力，特别是国家军事权力的相互作用以外，我们的确需要寻求其他形式的安全保障"，东亚地区今后要走的道路是发展安全共同体。建立共同体的道路是加强交流、养成合作的习惯，尤其是在安全问题上合作，树立解决安全问题的共同责任感。这个共同体"可以以诸如地区论坛东南亚国家联盟这样的非军事同盟组织为基础，它们也可以是只以地理或者共同关心的问题为基础"，但他强调这个共同体不是"以一项多边安全为基础的国家组成的集团"，是一种"安全社区"。在这个社区框架下，"人们可以指望发生和平演变，把动用武力来解决争端的想法抛诸脑后"。同年 9 月 26 日，布莱尔在一次新闻发布会上再次强调，"进行合作是未来发展趋势的概念"，亚洲唯一的安全工作组织——东盟地区论坛的军事合作成分应该进一步扩大。他认为，美国与亚洲国家每年进行约 300 次军事演习，几乎都是双边的，这在未来不是正常现象，"更多的情况下应该进行多边合作"，中国及其他亚洲国家也应该加入进来。

（四）学界的观点

在美国，学界与政界交流的"旋转门"现象使学者们关于某一问题的看法在一定程度上影响政府的政策选择。在东亚多边合作问题上，美国学者多从制度视角、政治学视角和现实国家利益的理论角度探讨美国对亚太多边合作的政策，并给政府提出各种政策建议。

从 20 世纪 60 年代到 80 年代，美国在亚太多边合作对话或会议中的参与者主要是学者。60 年代中期，美国哥伦比亚大学教授休·帕特里克（Hugh Patrick）曾参加过"太平洋贸易与发展（PAFTAD）会议"，并于1979 年对该地区构建地区内贸易组织的可行性进行了研究。他关注的是经

---

① 参阅美国驻香港领馆网页 http：//hongkong. usconsulate. gov/ushk/others/1998/1204. htm。

济贸易方面的合作。20 世纪 80 年代初期，太平洋经济合作理事会
（PECC）成立之后，主要的参与者仍然是知识阶层的一些专家学者，他们
的主张仍然多停留在经济层面。哈佛大学商学院教授迈克尔·波特（Mi-
chael E. Porter）一直主张美国积极介入亚太经济合作，通过海外投资建立
结构性的贸易伙伴关系，确保美国的竞争优势。这种确保优势战略后来成
为克林顿政府对外经济战略的支柱之一。[①]

冷战结束后，美国国内曾经就建立国际多边合作机制展开过热烈的讨
论。从制度层面，新现实主义和新自由主义围绕美国霸权的衰退及其对国
际秩序的影响展开了争论。新现实主义者以查尔斯·P. 金德尔伯格
（Charles P. Kindleberger）、斯蒂芬·D. 克拉斯纳（Stephen D. Krasner）和
罗伯特·吉尔平（Robert Gilpin）等为代表，提出"霸权稳定论"。他们认
为，一个霸权国家为创造诸多国际机制而发挥决定性的领导作用；霸权国
家向国际社会提供公共产品。[②] 新自由主义的合作理论主要有博弈论和功
能论。博弈论的代表学者是罗伯特·阿克塞罗德（Robert Axelrod），他认
为，在国际无政府的状态下，合作是可以通过国家之间的相互战略作用来
实现的。国际合作的程度取决于国际制度和国际机制。功能理论的代表学
者是罗伯特·基欧汉（Robert O. Keohane）。他在《霸权之后》一书中，
运用微观经济学的市场失灵理论（market failure theory）来解释国际机制如
何克服政治市场失灵（political market failure）所带来的一些问题（即阻止
合作的因素），然后实现合作。基欧汉承认霸权国会导致合作，但是他也
提出了在霸权国不存在时（After Hegemony）国家之间的合作如何形成的
问题，以显示霸权国不是合作的必要条件也不是充分条件。无论从现实意
义还是历史的范例中，这两种理论都遭到了许多批评。不过，学者们在对
亚太多边合作进行分析时都没有脱离这些理论的框架。例如，有人认为，
双边同盟和多边合作并不相互排斥，而是相互支持。没有坚定的双边同盟
关系，很多亚洲国家对多边合作就没有信心，因为一些国家把与美国的双

---

① 有关"确保优势战略的论述"参阅张敏谦《美国对外经济战略》，世界知识出版社 2001
年版，第 303—315 页。

② 金亨真：《西方国际关系理论中新现实主义和新自由主义的国际合作论》，载《国际论坛》
2004 年第 5 期。

边关系看作地区安全的基础，认为有些问题只能通过双边来解决。① 也就是说，美国霸权在东亚的存在是东亚国家对多边合作产生信心的基础。也有一些专家认为，多边机制最基本的意义是制订准则，限制成员的行为，以及协调地区或局部冲突。在这点意义上，将中国纳入这样一个机制，以这个机制的规则来约束它，将有利于亚太地区的稳定。② 如果中国参与了这样的机制，美中之间就会避免一场新的冷战。③ 东盟地区论坛的首要目标就是在地区合作中推进中国的利益④，将中国纳入一个国际关系范式，使它能够遵循国际规范，承担责任，而不是按照自己的计划单独行动。⑤ 还有人认为，美国的霸权对东亚建立国际机制的影响并不是那么直接。实际上，美国霸权在经济上和政治上对东亚的影响是有限的，而且是不平衡的，美国倡导的新自由主义和市场开放政策在这里遭到抵制。⑥

　　国际关系理论从制度的角度分析了美国与东亚多边合作机制的关系，但是没有解释为什么美国在欧洲和在亚洲的多边选择不同。有学者在分析美国东亚战略或东亚多边合作的著述中从现实利益的角度片段性地对此进行了阐述。美国历史学家迈克尔·亨特（Michael Hunt）认为，在美国外交政策的传统中，世界按人种分成等级，美国和英国处于最上端，其次是亚洲人、拉丁美洲人，非洲处于最底层。⑦ 在美国人眼里，亚洲人刚从"丛林"中走出来，是野蛮的和顺从的。但这些人也是忠诚的，最易服从白人的领导，因此许多美国决策者并不把亚洲看成与欧洲同等级的大陆，那么，在这里建立多

---

① Ralph A. Cossa, "US Approaches to Multilateral Security and Economic Organizations in the Asia-Pacific", p. 205.

② Michael Yahuda, *The International Politics of the Asia-Pacific*, *1945 – 1995*, Rutledge Curzon, 2nd ed. , 2004, p. 230.

③ East-West Center, "APEC and Bilateralism in Asia-Pacific Security: Convergence or Divergence?" prepared for a Conference on "Asia Pacific Economies: Multilateral vs. Bilateral Relationships", May 19 – 21, 2004, APEC Center, City University of Hong Kong.

④ Sheldon W. Simon, "Alternative Visions of Security in the Asia Pacific", *Pacific Affairs*, Vol. 69, No. 3, Autumn 1996, p. 394.

⑤ Michael Leifer, "North America and the Asia-Pacific in the 21st Century", In K. S. Nathan ed. , *North America and the Asia-Pacific in the 21st Century*, ASEAN Academic Press, 1999, p. 21.

⑥ Mark Beeson, "Theorising Institutional Change in East Asia", in Mark Beeson ed. , *Reconfiguring East Asia: Regional Institutions and Organizations After the Crisis*, London: Routledge Curzon Press, 2002, pp. 7 – 27.

⑦ Michael H. Hunt, *Ideology and U. S. Foreign Policy*, Yale University Press, 1987, pp. 46 – 91.

边合作机制不具有平等意义，只能是美国主导的单边合作。① 即便那些重视亚洲地区，看到美国在该地区拥有更多利益的人也没有就美国与该地区的多边合作达成一致。他们认为亚洲不但是"外族"（foreign），而且是"低等"（inferior）的，所以他们宁可"有选择性"地支持双边同盟合作。

同时，他们还认为亚洲国家与美欧国家处于不同的政治体系里，而且亚洲所在的政治体系是低等的（Inferior）。② 因为东南亚曾经是欧洲国家的殖民地，美国不愿意与这些国家走得太近，不愿意站在这些"被殖民国家"之列。实际上，美国对欧洲的政策在很大程度上是因为美国把欧洲列为与其平等的大国之列，例如，艾森豪威尔就"强烈认为英、法、德传统上是世界政治舞台上的大国"③，而当时许多东南亚国家还处于被殖民的地位或者刚刚取得主权。也就是说，美国把自己列为欧洲的欧洲人之类，而不是欧洲的亚洲人之类。④

对于该地区为何在很长时间内没有建立有效的多边合作机制，第二次世界大战结束后，美国有些人认为，欧洲将很快从战争的废墟中恢复强大，而亚洲将依然虚弱。⑤ 美国"不想在该地区建立类似北约的组织和军事力量，因为这不但分散力量，还要承担义务"⑥。

另外，有人认为，当时东亚面临的国际政治安全环境也使美国与亚洲在安全合作方面难以达成一致。东亚，特别是东南亚国家面临的威胁主要是国内游击战争，而不是跨国大规模战争。美国在该地区应对的是游击队，而不是苏联共产主义的威胁，即便构建能够对付苏联大规模入侵的多边安全合作机制，也并不一定适合。⑦

----

　① Christopher Hemmer and Peter J. Katzenstein, "Why Is There No NATO in Asia? Collective Identity, Regionalism, and the Origin of Multilateralism", *International Organization*, 56, 3, Summer 2002, p. 596.

　② Ibid., p. 598.

　③ Steve Weber, *Multilateralism in NATO: Shaping the Post-war Balance of Power, 1945 – 1961*, Berkeley: University of California Press, 1991, p. 41.

　④ Christopher Hemmer and Peter J. Katzenstein, "Why Is There No NATO in Asia? Collective Identity, Regionalism, and the Origin of Multilateralism", p. 592.

　⑤ Ibid., pp. 583 – 584.

　⑥ "The Southeast Asia Collective Defense Treaty: Hearing Before the Committee on Foreign Relations", 83d Congress, Washington D. C.: U. S. Government Printing Office, U. S. Senate 1954, pp. 13 – 14, 17.

　⑦ Christopher Hemmer and Peter J. Katzenstein, "Why Is There No NATO in Asia? Collective Identity, Regionalism, and the Origin of Multilateralism", p. 584.

也有人认为，北约国家之所以紧密团结在一起，其基础是拥有共同的宗教和民主价值观。因此，与亚洲价值观的分歧使美国对多边谈判毫无兴趣，而且亚洲多种价值观存在也对合作形成挑战。①

在研究的基础上，学者们对东亚多边合作提出了各种各样的政策建议，总的看来，大致有以下几种观点。

政治学家弗朗西斯·福山（Francis Fukuyama）认为，没有美国的强大支持，东亚难以建立新的合作机制。他在《外交》杂志上撰文呼吁，美国政府应加强在该地区的多边合作。美国可以选择两种方式建立多边机制：第一种是寻求一个可以孤立中国，联合其他国家遏制中国的机制；第二种是把中国纳入各种多边机制（以这个机制的规则来约束它将有利于亚太地区的稳定）。但他认为，第一种选择是不可取的。②

美国哥伦比亚大学政治系教授杰拉尔德·L.柯提斯（Gerald L. Curtis）认为，美国在东亚的战略应该根据下面三种情况确立。第一种是继续保持与日本和韩国的同盟关系，以防该地区出现权力真空。第二种情况是亚洲的区域化正如欧洲的区域化一样，并不必然损害美国的利益。如果该地区建立某种区域机制没有将美国包括在内，美国要避免对此作出下意识的敏感反应。亚洲国家加强彼此之间的联系以及该地区出现没有美国参与的地区机制不会改变该地区在政治、经济和安全稳定方面对美国的依赖。美国应该对东亚地区机制的建立持更加放松的态度。在安全方面，地区机制有时候对美国与该地区国家的双边关系起着一定的补充作用。而且地区安全对话，即使是那些没有让美国参与的对话，也可以在加强中国政策的透明度等方面起到重要的作用。而且还可以防止富强起来的中国成为该地区的不稳定因素。第三种情况是应该让该地区安全领域的多边合作服务于美国的利益。美国应该对此制定一个战略。③

针对近年来东亚多边趋势的发展，战略和国际研究中心（Center for Strategic and International Studies）所属太平洋论坛（Pacific Forum CSIS）主

---

① Christopher Hemmer and Peter J. Katzenstein, "Why Is There No NATO in Asia? Collective Identity, Regionalism, and the Origin of Multilateralism", p. 583.

② Francis Fukuyama, "Re-Envisioning Asia", *Foreign Affairs*, January/February, 2005, pp. 75 – 87.

③ Gerald L. Curtis, "East Asia, Regionalism, and U. S. National Interests: How Much Change?" Discussion Paper Series, APEC Study Center, Columbia Business School, May 2004, pp. 206 ~ 208, available at: http://www.ncafp.org/projects/NEasia/june04curtis.pdf.

席拉尔夫·科萨（Ralph A. Cossa）建议，美国应在总体上支持东亚发展多边合作，但对"10＋3"向东亚共同体转变及"东亚地区主义"则应有所警惕。他认为，"10＋3"等虽将美国排除在外，但东亚的多边机制能有效促进更广泛领域的政治、经济与安全合作，协助美国实现安全目标。实际上，他建议美国政府对东亚合作予以谨慎支持，只不过前提仍然是，东亚多边合作不能威胁美国的双边同盟、美国在东亚安全事务中的核心作用，以及美国参加亚太经合组织。[1]

在经济贸易领域，一些学者认为美国应积极应对来自"亚洲联盟"的新挑战，努力将东亚一体化进程融入"亚太自贸区"。美国国际经济研究所所长弗雷德·伯格斯滕（Fred Bergsten）认为，当前"东亚共同体"建设在给东亚和世界带来巨大利益的同时，也将对世界经济产生巨大冲击，并损及美国利益，如减少美国出口、削弱世贸组织等世界多边体制功能、导致太平洋两岸的分裂、阻碍亚太地区一体化、加剧中美矛盾、使亚洲和美国产生根本性分歧等。[2] 美国进步政策研究所所长爱德华·格雷塞尔（Edward Gresser）认为，中国在崛起的过程中，迅速创造出一个非正式的"亚洲联盟"，其国内生产总值与美国不相上下，人口是美国人口的6倍，拥有发达经济实体的技术和金融实力以及发展中经济实体的成本优势。美国必须制定一套综合政策应对这一新挑战，其中重要的一条是，应以中国自身的增长及其在亚洲整合过程中的核心作用，以及亚洲在世界经济中的作用为根据，调整对华经济关系，彻底改革全球经济体系，特别是八国集团、国际货币基金组织和亚太经合组织。[3]

但这些建议的结果大都体现在非政府层面上。这些非政府层面的多边合作可以使美国政府摆脱任何义务的捆绑。[4] 例如，一些学者积极主导和参与第二轨道机制，如东北亚经济论坛（Northeast Asia Economic Forum）、

① Ralph A. Cossa, "The East Asia Summit: Should Washington Be Concerned?" *PacNet*, No. 54B, Pacific Forum CSIS, http://www.csis.org/media/csis/pubs/pac0554b.pdf.

② C. Fred Bergsten, "Embedding Pacific Asia in the Asia Pacific: The Global Impact of An East Asian Community", Speech at the Japan National Press Club, Tokyo, Sep. 2, 2005, available at http://www.iie.com/publications/papers/bergsten0905.pdf.

③ Edward Gresser, "The Emerging Asian Union? China Trade, Asian Investment, and A New Competitive Challenge", *Policy Report*, Progressive Policy Institute, www.ppionline.org.

④ Donald Crone, "Does Hegemony Matter? The Reorganization of the Pacific Political Economy", p. 513.

东北亚合作对话（Northeast Asia Cooperation Dialogue）、亚太安全理事会工作小组（Working Group of the Council for Security and Cooperation in the Asia Pacific）等。有些建议目前没有受到政府的重视，而第二轨道机制的局限性也非常大，但有时这些都被政府当作外交工具。因此，有人认为，美国在参与东亚多边合作方面是机会主义者，当它需要时，就会建立特别适合其目标的多边合作机制。[①] 同时也印证了迈克尔·伊格纳提夫和安德鲁·马克对美国外交政策观察所得出的论断。

　　从上述各种观点的评述中我们可以看出，美国政府已经渐渐接受并积极参与亚太多边合作；军方从安全利益的角度出发，支持寻求多边形式的安全保障，但不会放弃双边军事同盟战略；学者们的看法是多样化的，总而言之，学者们同意从经济和贸易领域的多边合作着手，进而推进安全合作是可行的选择。他们倾向于第二轨道的谈判作用。但总起来讲，无论是政府之间还是第二轨道的接触，支持和参与目前的东亚多边安排，是美国东亚政策的一个重要方面。值得注意的是，在各方观点和建议中，没有人认为类似北约的多边军事安排适合亚洲。维护和加强双边同盟关系仍然是美国东亚政策的支柱，任何有损于双边同盟关系的多边安排都不会得到华盛顿的支持，甚至遭到其坚决反对。"9·11"恐怖事件之后，美国与东亚大国的关系得到了改善，但美国并没有积极推进该地区的多边合作机制。也就是说，美国只是利用了亚太多边合作，并没有大力推进亚太多边合作。

第二节　美国对亚太多边合作的影响

　　在亚太区域一体化进程中，每个新机制的产生几乎都伴随着关乎美国的问题：美国加入还是被排除在外？要采取哪些措施来应对亚太多边合作这一意义深远的发展趋势？这些问题成为国际问题学者最为关注的问题。一般认为，美国看待东亚一体化的出发点，是这一进程将如何影响美国在本地区的政治、经济和安全利益。美国对亚太一体化首要关切的是它的性质和发展方向。美国希望亚太一体化的制度建构既是开放性的、包容性的，同时又是实用性、工具性的。对于亚太多边合作框架的建构，美国的

[①]　Andrew Mack，"The United States and the Asia-Pacific：Bilateralism Plus Multilateralism？à la Carte"，p. 393.

基本态度经历了一个微妙的变化过程。从战略（或安全）层面看，美国首先会谋求巩固和拓展其在本地区的安全联系，继续强化与日本、韩国和澳大利亚等国家的双边同盟关系，同时拓展与印度的伙伴关系，并试图将这些双边安全关系联系起来，组成以美国为核心的地区安全网络。而在经济和贸易方面，则支持多边自由贸易协定，积极参与并试图主导东亚经济整合进程。而且，美国还可以以不同方式或借助不同手段对亚太一体化进程施加影响，使之符合美国的利益。例如，美国不一定要亲自参与亚太多边合作的制度建构，但要确保这一制度建构符合美国的价值和利益。[①]

然而，研究结果并非如此简单地反映出美国有明确的政策选择，而是美国亦面临如下选择的困境。

（一）加入还是不加入？

第二次世界大战结束后，在美国的主导下，西半球和欧洲分别组建了美洲国家组织和北大西洋公约组织之类的国际合作机制。但在亚洲地区，美国政府一直没有热衷于建立一个广泛的有效解决争端的国际合作机制。在亚太经合组织成立之初，美国依然在"加入还是不加入"选择之间犹豫不决。当时，面向亚太地区的多边政策和构建亚太经合组织之类的国际机制并没有被列入美国政府的政策日程。马来西亚总理马哈蒂尔提出的建立东亚经济集团的主张遭到美国的强烈反对，因为这个经济集团是把美国排除在外。同时，加拿大和澳大利亚提议在亚太地区建立一个欧安会模式的多边机构，也没有得到老布什政府的支持，被认为会给美国带来麻烦。对于澳大利亚总理霍克（David Hawker）提议的泛亚太区域性经济贸易合作

---

① 相关文献参阅任晓《论东亚峰会及与美国的关系》，载《国际问题研究》2007 年第 4 期；吴心伯《美国与东亚一体化》，载《国际问题研究》2007 年第 5 期；林利民《美国与东亚一体化的关系析论》，载《现代国际关系》2007 年第 11 期；信强《东亚一体化与美国的战略应对》，载《世界经济与政治》2009 年第 3 期；刘学成《东亚共同体构想与美国的东亚战略》，载《亚非纵横》2009 年第 3 期；张小明《美国是东亚区域合作的推动者还是阻碍者》，载《世界经济与政治》2010 年第 1 期；宋伟《试论美国对亚太区域合作的战略目标和政策限度》，载《当代亚太》2010 年第 5 期；沈铭辉《东亚合作中的美国因素——以"泛太平洋伙伴关系协定"为例》，载《太平洋学报》2010 年第 6 期等；Joshua Kurlantzick, "Pax Asia-Pacifica? East Asian Integration and Its Implications for the United States", *The Washington Quarterly*, Summer 2007; Robert G. Sutter, *The United States in Asia*; Martina Timmermann and Jitsuo Tsuchiyama eds., *Institutionalizing Northeast Asia: Regional Steps towards Global Governance* (United Nations University Press, 2008); Dick K. Nanto, "East Asian Regional Architecture: New Economic and Security Arrangements and U. S. Policy", *CRS Report for Congress*, Order Code RL33653, Jan. 4, 2008。

组织——亚太经合组织，老布什政府采取积极参与的态度，并使美国成为亚太经合组织这个多边组织的创始成员。

上述前后矛盾的态度表明，美国对亚太地区的多边合作参与倾向停留在经贸合作层面，对多边安全持怀疑和警惕的态度，不愿让任何多边机制危及其在该地区的双边同盟体系，同时还要确保美国在东亚的重大利益关系。[①]

后来，"东盟 + 3"和东亚峰会都将美国排除在外。二者的共同之处是没有明确反对美国的加入，不同之处在于，前者好像没有迹象表明邀请美国加入，美国也无意加入，使之变成"东盟 + 4"；而对于后者，希拉里·克林顿担任国务卿时表明了美国的态度："如果重要的安全、政治和经济问题成为（东亚峰会）的议题，并且涉及美国的利益，我们就要寻求加入。"但是，要遵循两个核心原则：首先是要让东盟发挥中心作用；其次是希望东亚峰会能够成为"一个实质性的、涉及包括核不扩散、海事安全和气候变化等重要议题的论坛"[②]。这是奥巴马上台后，美国对东亚区域合作的明确表态，表明美国拟推动东亚峰会成为该地区最高层次的政治安全机制。后来，国务卿希拉里讲话中附加的条件表明，在加入亚太多边合作进程这个问题上，美国还是有一段时间处于观望状态。

（二）推动还是阻拦？

有分析认为，美国对把排除美国在外的东亚区域合作形式的态度基本上是不欢迎，甚至极力阻碍。[③]然而，"东盟 + 3"的顺利进展却无法支持这个论点。1993 年，克林顿总统将亚太经合组织提升为峰会机制也不能不说是美国积极推动区域多边合作的例证。事实上，随着亚太区域内和次区域合作的日益加强，美国在推动抑或阻碍的问题上正面临两难选择。一方面，如果美国阻拦这一地区，特别是东亚一体化进程的发展，那么它在这一地区的形象必然受损，因为当前亚太一体化的自发性很强，而且区域内国家的自主意识也日益加强，美国采取任何妨碍性措施都很容易引起反美

---

① Dick K. Nanto, "East Asian Regional Architecture: New Economic and Security Arrangements and U. S. Policy", p. 7.

② Clinton, Hillary, Speech on U. S. Agenda in Asia-Pacific Region, Oct. 28, 2010. Available at: http://www.america.gov/st/texttrans-english/2010/October/20101028191722su0.9814875.html.

③ 张小明：《美国是东亚区域合作的推动者还是阻碍者？》，载《世界经济与政治》2010 年第 7 期。

情绪，这特别不符合当前奥巴马政府修复美国形象的外交战略取向。另一方面，如果美国积极推动地区一体化进程，那么，强大而有效的多边合作框架的出现必然挑战美国现有的双边同盟体系；如果美国置身局外，不采取任何行动，听任其他各国自愿联合，促进加强多边合作，其利益和影响力必然受到挑战。

国务卿希拉里·克林顿对东亚峰会的立场表述和目前奥巴马政府对于美国加入跨太平洋战略经济伙伴关系协定（简称 TPP）表现出的极大热情都表明：首先，美国比较倾向广泛意义上的亚太合作形式，而非狭隘的东亚合作。其次，亚太经合组织的机制化是由美国前总统克林顿推动而提升为峰会的，同时，美国也得以将贸易以外的议题加进来，是美国推动其外交政策的重要平台，例如，自 2001 年起，美国开始积极推出各种与反恐有关的议题。以反恐为基点，美国官员在谈论亚太经合组织时，更多、更明确地赋予了它安全的功能。例如，2003 年的曼谷亚太经合组织领导人非正式会议期间，小布什总统和国务卿鲍威尔频频强调经济和安全问题是不可分的。时任安全事务助理赖斯也特别强调，应该让亚太经合组织成为一个处理亚洲安全问题、进行多边合作的平台。[①] 另外，小布什政府在亚太地区最主要的多边安全努力是坚持通过六方会谈来解决朝鲜核问题。自 2002 年 10 月朝鲜第二次核危机爆发后，小布什政府一直拒绝同朝鲜进行双边谈判和接触，而是主张要在多边框架下处理朝鲜核问题。美国在解决朝核问题中采取的这种多边化和地区化的方法，体现了美国一种新的地区安全思路。

因此，尽管亚太经合组织的功能弱化被广为批评，但由于在这一地区没有更好的适合美国发挥作用又不伤害其霸权的机制，美国对亚太经合组织的参与不会放弃。

从亚太一体化的实践来看，为了实现最终建立共同体的目标，同时维护国家主权利益，区域内国家作出了多种路径选择，其中很多具有试验性质。这些多样化的路径给区域内国家带来合作的机会，也滋生了合作的困境。对于美国而言，亚太区域内合作趋势的加强不仅对其霸权形成挑战，也给其政策选择带来困境。

亚太国家选择合作路径的目的一方面是实现区域理想，另一方面又要

---

① Condoleezza Rice, "Robust Engagement with Asia", *The Wall Street Journal*, Oct. 24, 2003.

维护国家利益，分享国家发展的红利。同时，除了中国以外，几乎所有国家希望能够继续得到美国霸权提供的安全保障。而对于美国而言，亚太国家的两面下注、离心力的随时变化、对中国领导地位的担忧，以及国内利益的需要，这些因素时刻对美国的政策选择有着深刻的影响。实际上，亚太合作路径重叠矛盾的困境也增加了美国政策选择的难度。

第三节　美国对亚太多边合作的选择性参与

（一）美国与亚太经合组织

1. 美国对亚太经合组织的参与

其实，在美国，面向亚太地区的政策和构建亚太经合组织之类的国际组织并不是重要话题，即便是在精英阶层也是如此。对于美国的领导层来讲，与中国、日本、韩国等国的双边关系更为重要，特别是安全方面。然而，1989 年 1 月，澳大利亚前总理霍克提议成立亚太经合组织并在日本的支持下付诸行动后，美国终于坐不住了。当时，老布什刚刚上台。时任美国国务卿的詹姆斯·贝克亲自出面，进行积极的外交努力，使美国成为第一批加入亚太经合组织这个"旨在推进经济自由化，加强多边贸易体制，减少贸易和投资壁垒"的多边组织的成员。然而，美国政府真正热情参与亚太经合组织是在克林顿执政时期。1993 年 3 月 31 日，时任亚太事务助理国务卿温斯顿·洛德（Winston Lord）在参议院对外关系委员会听证会上提出了建立亚太新世纪，进行多边合作的主张。其主张和"新太平洋共同体"（A New Pacific Community，也有人称为"亚太共同体"）这个概念很快被克林顿总统采纳。在这一主张的推动下，克林顿政府提议将亚太经合组织部长级会议提升为峰会，并于当年 11 月主办了第一届领导人非正式会议。当时，美国此举的另一个目标是"举着亚太经合组织的旗帜迫使欧洲国家在乌拉圭回合谈判中妥协"[1]。这对亚太经合组织机制化进程以及美国与这一组织的关系具有里程碑式的意义。

在克林顿执政的八年里，美国国务院和贸易代表处这两个部门在制定亚太经合组织政策方面起了关键性的作用，商务、财政、能源、教育和交

---

[1] Richard Feinberg, "Comparing Regional Integration in Non-Identical Twins: APEC and the FTAA", *Integration & Trade*, No. 10, Vol. 4, Jan.-Apr. 2000.

通等各部门也在具体的领域广泛参与亚太经合组织活动。亚太经合组织部长级会议以及其他高官会议曾经一度有六位克林顿政府内阁成员参加。①

克林顿第二任期内，亚洲发生了金融危机，很多成员受到打击，而亚太经合组织却没有起到有效的协调和援助作用，这让很多国家对它的成功产生了怀疑；在这种情况下，美国没有向亚洲国家伸出援手，却仍然提出并推行"部门自愿提前自由化"（EVSI）政策，使亚洲成员感到恐慌和失望。推行贸易自由化的目标没有得到成员的支持，美国的热情也因失望也有所减弱。此前，随着北美自由贸易协定的生效和美洲自由贸易区向南推进，美国的注意力是将西半球的贸易自由化战略作为优先考虑。因此克林顿第二任期的后两年里，亚太经合组织在美国对外事务日程表上位置直线跌落。这种状况一直持续到2001年"9·11"恐怖主义事件发生以后。

"9·11"恐怖主义袭击改变了美国的对外战略，也改变了美国与许多国家或地区组织的关系，被认为为美国"重塑国际体系"提供了"大好机遇"。② 在此后很长一段时间里，反恐成为世界事务的中心。尽管"9·11"事件是恐怖分子对美国本土的袭击，但美国认为亚洲是恐怖主义分子的重要活动舞台，理由是印度尼西亚伊斯兰祈祷团（Jemaah Islamiya）、菲律宾阿布·萨耶夫组织（Abu Sayyaf Group）等一些组织与基地组织联系密切。因此，这个地区在多条战线面临恐怖主义威胁，是反恐斗争的一个重要战场。而该地区可以作为合作平台的国际组织为数不多，亚太经合组织是最广泛、对话级别最高的组织，于是，亚太经合组织再次成为美国亚洲战略的宠儿。自2001年起，美国在历届亚太经合组织会议中，不断积极推出各种与反恐有关的议题。以反恐为基点，美国官员在谈论亚太经合组织时，更多、更明确地赋予了它安全的功能。例如，2003年曼谷亚太经合组织领导人非正式会议期间，布什和鲍威尔频频强调经济和安全问题是不可分的。赖斯也特别强调应该让亚太经合组织成为一个处理亚洲安全问题，进行多边合作的平台。③ 2004年，在智利亚太经合组织领导人非正式会议上讨论朝核问题和伊朗问题时，布什的理由就是"解决安全问题将为经济创造一个

---

① Vinod K. Aggarwal and Charles Morrison, eds., *Asia-Pacific Crossroads: Regime Creation and the Future of APEC*, New York: St. Martin's Press, 1998, p. 176.

② Henry Kissinger, "Where Do We Go from Here?" *The Washington Post*, Nov. 6, 2001.

③ Condoleezza Rice, "Robust Engagement with Asia", *The Wall Street Journal*, Oct. 24, 2003.

更好的环境"。2003 年的曼谷会议因为美国竭力推进朝核议题,马来西亚国际贸易和工业部长拉菲达·阿齐兹(Rafidah Aziz)评论说,亚太经合组织议程为了满足某个国家内部需要,患上了"过度综合征"。①

更为明显的是,美国政府和官员把亚太经合组织真正当作了"论谈"的场合,借以阐释美国的政策和观点,推动亚太经合组织议题朝美国主导的方向发展;而且,美国总统布什每次参加领导人非正式会议之际,总是安排对一些国家的顺访,推进美国的反恐安全战略或解决当年的棘手问题。2001 年在中国上海召开的亚太经合组织领导人第九届会议是"9·11"事件后,布什出席的第一个有多国首脑参加的会议。当时美国国内几乎处于草木皆兵的反恐状态。据时任国家安全顾问赖斯在布什赴会前表示,尽管美国国内需要迫切对付恐怖主义战争,但布什总统认为他这次前往上海"极端重要,此行时机也极端重要"。② 而这之前,比尔·克林顿曾经为了组织对伊拉克的空袭错过一次亚太经合组织领导人非正式会议。与布什面对的局面相比,克林顿当时面临的问题显得苍白了许多。布什本人也说:"……这个时候出国……非常重要,因为我和其他国家的领导人……将继续讨论如何进行反恐怖主义战争的问题。"③ 会议期间他与时任中国国家主席江泽民、俄罗斯总统普京、日本首相小泉纯一郎及韩国总统金大中等领导人举行了双边会谈。其实,会议发表的领导人声明包含的反恐内容在很大程度上是双边会谈达成的共识。对此,《纽约时报》分析认为,"显而易见,布什总统有意将此次亚太领导人会晤变成构建其反恐怖联盟的一个重要契机"④。此后,布什参加了其任内举行的历届亚太经合组织领导人非正式会议,每次会议之前,白宫相关官员和新闻发言人都不吝对布什的行程和目标作以详细说明,以反恐作为经济安全保障的理由,积极推动美国的政策目标。

不过,美国国会对这一组织没有给予热情的支持。在国会讨论的议题中,有关亚太经合组织的议题并不是重要议题,这一点从美国国会的听证

---

① John Aglionby, "Bush Offers Deal to End North Korea Crisis", *Guardian Weekly*, Oct. 23 – 29, 2003, p. 2.

② " National Security Advisor Rice Briefing on APEC Meeting ", available at: http: // hongkong. usconsulate. gov/uscn/wh/2001/101501. htm.

③ David E. Sanger, "Bush's New Focus Requires A Shift in His China Policy", *New York Times* Oct. 18, 2001.

④ David E. Sanger, "Bush's New Focus Requires A Shift in His China Policy".

内容和相关文件资料中可以看得出来。这也是很多人在分析亚太经合组织时没有注意到的。国会甚至对亚太经合组织一些政策主张的实施起阻碍性的作用，但在贸易自由化问题上，国会还是给予了支持。

美国工商界对这一组织的态度也值得关注。为了占有亚太地区广大市场的份额，美国工商人士支持该地区建立多边贸易组织。亚太经合组织成立后不久，关贸总协定乌拉圭谈判陷入僵局。美国政府和商界把些许希望寄托在亚太经合组织上，希望亚太经合组织能够推动乌拉圭谈判。但商界关心的是亚太经合组织进程的结果将对他们的商业活动有什么帮助，他们并不关心亚太经合组织作为一个机制的发展状况。出于同样的目的，美国一些企业高层人员曾参加并资助过太平洋经济合作会议（PECC）和太平洋盆地经济理事会（Pacific Basin Economic Council，PBEC）等多边会议和组织，然而参加的人员和支持资金都不能持续。最初，商界对亚太经合组织的参与也是如此。只要亚太经合组织讨论的议题是总体目标和机制问题，而不是具体问题，就都无法引起商界的兴趣。[1] 1993 年西雅图亚太经合组织领导人非正式会议制定了 2020 年实现贸易自由化的目标之后，商界对亚太经合组织的兴趣大增。美国政府亦围绕企业的目标，在亚太经合组织会议上的提议愈加具体化。目前，随着亚太经合组织成员（以中国为代表）在世界经济中的地位加强，美国企业界参与该组织的热情日益增加。2001 年在上海举办的亚太经合组织工商界领导人峰会上，通用汽车公司、美国应用材料公司、美国安利公司、微软公司、美国在线—时代华纳等公司不是董事长亲自临会就是通过其他方式加强公关活动。

2. 美国在亚太经合组织中的战略目标

从贸易的角度来看，美国加入亚太经合组织的目标有两个：第一，避免被排除在该地区巨大的市场之外；第二，把亚太经合组织作为世界贸易组织乌拉圭谈判的替代选择。这是显性目标。但是，不可忽略的还有其地缘政治方面的考虑。那就是，维护美国在该地区的霸权地位，防止中国和日本崛起成为该地区的主导大国。这是隐性目标。亚太经合组织并不是像世贸组织或北约那样是约束性很强的国际组织。正是因为缺乏约束力，美国一直是根据实际需要和东亚地区局势的变化，灵活交互

---

① Vinod K. Aggarwal and Charles Morrison, eds. , *Asia-Pacific Crossroads: Regime Creation and the Future of APEC*, p. 177.

推行其显性的贸易目标和隐性的政治目标。"9·11"之后，当反恐和安全成为美国对外政策的首要战略目标时，美国在历届会议上极力推进安全议题，以至于很多人担忧亚太经合组织将脱离成立的初衷而发展成一个安全化组织。

亚太经合组织成立之时，正值关贸总协定乌拉圭谈判陷入僵局。美国加入乌拉圭谈判最现实的目标就是寄希望于一个新的多边机制能够协调推进国际贸易谈判，加大美国谈判的砝码，迫使欧洲作出让步，结束乌拉圭回合谈判。2004年6月2日，时任助理国务卿詹姆斯·凯利（James Kelly）在众议院国际关系委员会作证时仍然"希望乌拉圭谈判能够为世贸组织多哈回合谈判的进展重新注入活力，推动贸易自由化"①。另外，一旦乌拉圭回合谈判失败，乌拉圭谈判可以成为替代选择，帮助美国解决与该地区其他国家的贸易争端。

克林顿上台以后，随着冷战后军事安全重要性的相对下降，经济安全在美国的全球战略中被置于前所未有的中心地位。从地缘战略角度出发，经贸问题被纳入国家安全范畴。时任国务卿克里斯托弗（Warren Christopher）1993年11月在参议院对外关系委员会的证词中，将经济安全列为克林顿政府对外政策七大战略重点的首位。② 以亚太经合组织为主体构建新的太平洋共同体也是其中的重点之一。"太平洋共同体"是克林顿1993年7月访问韩国和日本时提出的，后来成为美国对亚太经合组织政策的关键词之一。提出将亚太经合组织发展成为"太平洋共同体"的新目标凸显了美国欲使亚太经合组织沿着两个轨道——经贸和安全前进。一方面，美国欲借亚太经合组织这个平台在亚太地区更快地推进贸易自由化，帮助美国企业占领这里的巨大市场；另一方面，美国意图将亚太经合组织打造成一个安全机制，为亚洲安全问题对话提供一个平台。冷战期间以及冷战结束初期，美国一直没有积极推动在亚太地区建立多边安全机制，据分析，其原因是：第一，相对于美国的霸权，该地区的国家与美国的对抗力较弱，地区合作对于美国来说没有太大意义；第二，双边军事同盟关系为美

---

① James A. Kelly, "An Overview of U. S. - East Asia Policy", Testimony before the House International Relations Committee, Jun. 2, 2004, http: //russia. shaps. hawaii. edu/fp/us/2004/20040602 _ kelly. html.

② Warren Christopher, "The Strategic Priorities of American Foreign Policy", Statement before the Senate Foreign Relations Committee, Washington D. C. .

国控制该地区的盟友提供了有效工具。① 冷战后，随着亚洲经济的腾飞，日本和中国的崛起，美国霸权遭遇挑战，美国需要寻找一个多边机制制衡新崛起的因素。1997 年，美国前助理国务卿约瑟夫·奈（Joseph Nye）在解释美国当时的东亚战略时，把建立多边安全机制视为同前沿军事部署、加强双边军事同盟以及扩展非盟国的安全联系这三者并列的美国东亚安全战略的四大支柱之一。②

　　然而，亚太经合组织最初确定的原则毕竟是只讨论经济问题，不讨论政治和安全问题。除了日本以外，美国在亚太经合组织的安全倡议经常遭到其他国家的反对，然而，美国提出的议题还是很容易冲击亚太经合组织的议事日程。上文的论述也提到，"9·11"事件发生后不久，布什在国内一片危机之时出国参加在上海召开的亚太经合组织领导人非正式会议，目的就是与亚太地区其他领导人"讨论如何进行反恐怖主义战争的问题"。打击恐怖主义是美国当时第一位的政策选择。无论集体论坛，布什与中、俄等国领导人的会谈，还是时任国务卿鲍威尔在高官会议上的发言，美国人用得最多的关键词就是"反恐"。美国参加这次会议的成果就是与中、俄等国领导人就反恐合作达成了共识。因此，有人称这次会议为"第一次全球反恐会议"③。之后，为了推动亚太经合组织配合美国的反恐战略，在历届亚太经合组织会议上，美国都频频敦促其他国家落实反恐行动。总之，上海会议为美国的反恐战略树起了一面大旗，把世人的目光吸引到反恐上来，使布什对恐怖主义的认识得到了广泛认同，扩大了美国的反恐战线。2002 年，美国又把伊拉克问题带到了在墨西哥召开的会议上，目标是竭力说服 APEC 成员支持对伊战争的联合国决议。"地区安全与亚太经合组织"明确成为本次会议的议题。2003 年的曼谷会议召开之前，朝鲜向朝鲜半岛东部沿海发射了一枚短程反舰导弹，美国将朝核问题提上亚太经合组织议事日程，成为和反恐问题具有同样分量的会上会下讨论内容，并努力将涉及"安全"的议题纳入了领导人

---

　　① Amitav Acharya, "Multilateralism: Is There An Asia-Pacific Way?" *NBR Analysis*, Vol. 8, No. 2, 1997, pp. 3 – 7.

　　② Joseph Nye, "The Case for Deep Engagement", *Foreign Affairs*, Vol. 74, No. 4, Jul. / Aug. 1995, pp. 94 – 102.

　　③ Robert Marquand, "Dual goal for APEC Summit: Countering Terror and Boosting the Economy Are Focus of Bush's First Foreign Trip Since Sept. 11", *Christian Science Monitor*, Oct. 19, 2001, p. 6.

宣言。值得注意的是，泰国提出的 2015 年建成自由贸易区的提议却遭到了拒绝。2004 年，智利圣地亚哥会议一开始谈的也都是朝核问题，甚至提到伊朗问题。最后以"加强人类安全"的名义再次将安全问题提上亚太经合组织的重要议程。假如美国不是这个组织的成员，很难想象，亚洲国家的领导人会在他们的聚会中着重讨论上述内容。可以说，乔治·W. 布什就任美国总统以后，在很大程度上将亚太经合组织作为美国推行反恐安全政策的平台。但是也有人认为，尽管亚太经合组织已经涉及很多安全问题，但最终不会变成一个安全性组织。① 亚太经合组织的初衷和目标是促进经济发展，推进贸易自由化，而亚太经合组织机制的主要特征——每年一度的领导人会议——本身又具有政治和安全的色彩，因此，亚太经合组织的性质已经不能用单一功能的机制来界定。

实际上，布什第一任期的外交政策被贴上明确的单边主义标签，反恐军事打击即是明证。在反恐的旗帜下，美国积极向全球多个多边组织推销与反恐有关的议题。亚太经合组织是布什呼吁亚太国家与美国一道反恐的第一个平台。因此，亚太经合组织在很大程度上是布什政府一个实施外交战略的工具。

奥巴马第一任期内的外交政策遗产就是调整美国的外交政策，将美国的战略重心移到亚太地区。亚太经合组织是奥巴马阐明美国亚太政策的主要国际平台。2011 年 10 月，在参加亚太经合组织领导人非正式会议之际，奥巴马及其内阁成员分别在各种场合阐释了美国的亚太政策，最后"亚太再平衡"的政策概念出炉。2012 年，奥巴马胜选连任之后，亚太经合组织领导人非正式会议成为其巩固亚太政策的重要平台。虽然 2013 年因国内政治危机，奥巴马没有参加亚太经合组织的领导人非正式会议，但是美国亚洲政策的调整已经对这一地区形成了不可逆转的影响。

3. 美国在亚太经合组织中的作用

北美自由贸易协定和亚太经合组织是美国同期加入的两个国际机制。北美自由贸易协定是由美国发起的，其谈判规则和程序一般由美国来主导。例如，在与墨西哥的谈判中，美国硬是将环境和劳工条款强加给墨西哥。亚太经合组织不是美国发起的，美国不像其在其他国际组织起着主导和领导作用，但在很多方面推动了这个组织的进程和发展。

---

① 陆建人：《反恐不会改变 APEC 性质》，《文汇报》2003 年 10 月 23 日。

首先，美国帮助推动了亚太经合组织的机制化进程。1993 年，美国促成了第一次领导人非正式会议，开始把实质性的议题纳入亚太经合组织议程，使亚太经合组织由一个"清谈馆"式的论坛发展成为一个谈判机构，进入了机制化进程。同时，峰会机制也为亚太经合组织涂上了浓厚的政治色彩。

其次，美国在国际组织的发展和管理方面是有很多经验的，这使美国在推动会议通过贸易和投资宣言，使亚太国家经济行为规范化、经济合作组织机制化、贸易和投资自由化方面起了很大的作用。例如 1994 年 11 月亚太经合组织领导人非正式会议上，美国主张在 18 个发展中成员和发达成员中确定分两步实现贸易投资自由化。1996 年的马尼拉会议上，美国推动实施贸易自由化自主单边方案。

最后，美国的霸权地位和影响决定了美国提出的议题在亚太经合组织中的分量。美国根据自己的政策需要，不断将各种议题推进亚太经合组织领导人非正式会议，这一方面丰富了亚太经合组织领导人非正式会议的内容，同时也使亚太经合组织逐渐偏离原来的方向，成为美国的一个实用外交工具。"9·11"事件之后的历届会议上，以反恐和安全为中心目标，美国推动亚太经合组织通过了一系列方案。而亚太经合组织的重要咨询机构亚太经合组织工商咨询理事会（ABAC）向会议领导人提出的一些建议在会议的最后声明中几乎见不到踪影。这表明亚太经合组织已经被美国的提议牵着前行，尽管有很多国家并不情愿。

在第二次世界大战后兴起的很多国际组织中，美国起的是主导作用，同时，也扮演着霸主角色。亚洲国家曾经很担心美国也将"把持"亚太经合组织。1993 年西雅图会议为亚太经合组织开拓了峰会机制，制定了具体的发展方案，曾经有人担心，这是美国将要"把持"这个组织的标志。[1] 1994 年茂物会议上确立的贸易自由化的两个不同的固定时间表就是根据西雅图"精神"制定的。然而，这两个时间表的约束性在 1995 年的大阪会议上遭到了许多亚洲国家反对。由于国内的原因，克林顿总统没有参加在大阪的会议。正是在这次会议上，以日本为首的亚洲国家提出以"亚洲方式"（Asian way）来讨论亚太经合组织问题，达成共识，作

---

① Dennis J. Ortblad, "The US and Japan in APEC: Arena for Leadership in Asia and the Pacific", Analysis from the East-West Center, No. 28, 1996.

出决议。① 同时，美国国防部长佩里提出将安全议题列入会议议程，遭到其他领导人的拒绝。会议通过的《大阪行动议程》也否定了美国加快贸易自由化的倡议。当时日本在这一组织中的地位引发了很多讨论。② 日本曾一度被认为将主导亚太经合组织。不过，美国海军学院（United States Naval Academy）的政治学副教授邓勇（Deng Yong）却认为，美国在亚洲霸权的衰落并没有为日本巩固领导地位打开机会之门。③ 事实证明也是如此。不过，亚洲国家的"亚洲方式"对美国的霸权的行使也起着牵制作用。

从经济层面上看，加入亚太经合组织之后，美国对亚太经合组织国家的投资贸易有了很大程度的增长。根据美国国务院提供的资料，1993 年以来，美国向该组织成员的出口额增长了 3 倍。2011 年，美国与该组织成员的贸易额达 2.6 万亿美元，美国向亚太经合组织成员的出口额为 9420 亿美元，占美国总出口额的 61%（近 2/3），为美国提供了 600 万个就业机会。因此，美国认为亚太经合组织让美国在贸易和经济上获益良多。④

4. 亚太经合组织在美国东亚战略中的位置

在美国的对外政策日程表上，亚太经合组织并不是重要的选项，但十多年来美国采取的政策措施表明，亚太经合组织已经成为推行其亚太战略的重要平台。亚太经合组织会议期间和会后的例行记者招待会成为美国解释其政策和推进双边关系的最好机会。美国一些决策官员和专家在他们的政策建议中（包括在国会的作证）经常建议把亚太经合组织作为解决亚洲一些问题的工具。⑤ 1993 年 11 月西雅图会议上，克林顿以主办者的身份与亚太国家

① Dennis J. Ortblad, "The US and Japan in APEC: Arena for Leadership in Asia and the Pacific", Analysis from the East-West Center, No. 28, 1996.

② Dennis J. Ortblad, "The US and Japan in APEC: Arena for Leadership in Asia and the Pacific"; Yong Deng, "Japan in APEC: the Problematic Leadership Role", Asian Survey, Vol. XXXVII, No. 4, Apr. 1997, pp. 353 – 367.

③ Yong Deng, "Japan in APEC: the Problematic Leadership Role", p. 361.

④ Fact Sheet: 21st Annual APEC Economic Leaders' Meeting, Office of the Spokesperson, Washington, DCOct. 8, 2013, available at: http://www.state.gov/r/pa/prs/ps/2013/10/215195.htm.

⑤ The Asia Foundation, America's Role in Asia: American Views, 2004, pp. 23 – 24; America's Role in Asia: Asian Views, 2004, p. 11; 布什第一任期内，时任国家安全顾问赖斯在谈到美国与亚太地区的多边安全合作时，也认为 APEC 可以作为一个多边创新机制；原中国社会科学院亚太所所长张蕴岭在其主编的《未来 10—15 年中国在亚太地区面临的国际环境》一书中认为，有必要将安全问题列入 APEC 议程，他建议亚洲国家加强亚太经合组织机制内的政治安全合作（第264—265 页）。

缓和了关系。在此后的多次领导人非正式会议上，美国总统与中国、俄罗斯、日本等国的领导人也联合召开过多次新闻发布会，解释双边关系。"9·11"事件之后，美国总统与一些国家领导人的双边会晤似乎超过了多边论坛的重要性，召开联合新闻发布会成为解释美国对外政策和双边关系的最佳契机。最为引人注目的是奥巴马利用参加亚太经合组织领导人非正式会议之际来推行美国的"亚洲再平衡"政策。

从上述回顾和分析中，我们可以看出，美国对亚太经合组织的参与多是由政府出面，自上而下带动国内企业参与的过程。目前，美国在这个组织中的角色并不是"领导者"，但美国一直在努力促使亚太经合组织按照其设计的轨道发展。当需要该组织发挥推动自由贸易功能的时候，美国就极力倡导自由贸易计划，当需要该组织发挥政治作用的时候，美国就推进这个组织朝政治化、安全化方向发展。然而，亚洲国家的不合作（"亚洲方式"）在很多时候使其偏离美国的轨道。

（二）美国与东盟及东盟地区论坛

早在 20 世纪 70 年代初，以界定"美国国家利益"而闻名的美国学者唐纳德·纽霍特兰（Donald Nuechterlein）就建议尼克松政府不要把东南亚地区视为美国的关键利益所在。[1] 之后，随着越战结束，美国对东南亚事务的兴趣锐减。80 年代，由于苏联在这一地区的扩张，东盟地区作为"连接东西方的海上和空中要道"和"第三世界发展中国家的样板"，一度被认为对美国"具有重大的战略意义"[2]。美国期望通过保持与东盟的密切关系，加强东南亚反抗苏联扩张的力量，同时阻止中国在东南亚扩大影响。[3]然而，美国对整个地区的重视和支持大多停留在口头上，没有实质性的行动。与东盟国家的关系也多是双边性的，这一状态甚至一直持续到现在。进入 20 世纪 90 年代以后，应对中国的崛起、解决东北亚安全问题成为美

---

① Frank C. Darling, "United States Policy in Southeast Asia: Permanency and Change", *Asian Survey*, Vol. 14, No. 7, Jul. 1974, p. 608.

② Conboy, Kenneth J., "Challenges to the U. S. - ASEAN Quasi-Alliance", *Asian Studies Backgrounder*, # 60, Apr. 21, 1987, available at http://www. heritage. org/Research/AsiaandthePacific/asb60. cfm.

③ 曹卫平：《东南亚的崛起——20 世纪东盟史》，吉林人民出版社 2001 年版，第 401 页。

国亚太政策的主旋律，东盟国家甚至被搁置到美国对外政策的边缘。① 尤其在克林顿执政的八年里，美国留给东盟国家的是非常不愉快的记忆。在克林顿第一任期内，美国不但没有具体制定针对东盟国家的政策，反而与一些国家交恶，例如新加坡迈克·费（Michael Fay）事件②，美国对泰国总理班汉的背景进行质疑，并拒绝给一名其内阁成员签证等。更让东盟国家不快的是美国在 1997—1998 年亚洲金融危机中的表现。在那次危机中，泰国和韩国都受到重击，但从美国那儿得到的待遇却让东盟国家至今愤愤不平。当泰国出现危机时，美国没有伸出援手，反而抨击泰国总理及其内阁政策失误；而当作为美国盟国的韩国遭受危机困扰时，美国很快制订了援助计划，美国财长鲍勃·鲁宾甚至号召华尔街帮助韩国渡过危机。在克林顿第一任期内，甚至没有一个东盟国家领导人走进白宫。与克林顿相比，在布什第一任期内，美国给予东盟的关注要多得多：在 2002 年墨西哥拉斯卡沃斯亚太经合组织领导人非正式会议期间，布什会见了东盟七国（印度尼西亚、马来西亚、菲律宾、新加坡、泰国、文莱和越南，老挝、缅甸和柬埔寨三国不是亚太经合组织成员）的领导人，这是自 1984 年以来美国总统第一次会见东盟领导人；2003 年，布什借参加在泰国召开的亚太经合组织领导人非正式会议之际，访问了亚洲六国（日本、菲律宾、泰国、新加坡、印度尼西亚和澳大利亚），除了日本和澳大利亚外，其余四国都是东盟成员。另外，国务卿鲍威尔于 2002 年和 2003 年两次参加了东盟地区论坛相关会议并访问了东盟六国。2005 年 5 月，美国副国务卿佐利克在访问新加坡时甚至表示，东盟是美国全球视野的核心部分（it's a core part of our global outlook），美国愿进一步加深与东南亚国家的经济和安全合作。③ 在布什任期的最后一年，美国对东盟的态度已经有所变化。2008 年

---

① Amitav Achaya, "Southeast Asian Security After September 11", Asia Pacific Foundation of Canada, Nov., 2003.

② 1993 年 9 月在新加坡一个豪华住宅区的车辆连续两周发现被涂污，新加坡警方派人埋伏，随后将一位涂鸦者逮捕。在其供出的共犯中包括一位 18 岁的美国人迈克·费。经警方调查，迈克·费被控 53 项罪行，454 件涂鸦行为。1994 年 3 月 4 日，根据新加坡法律，这名美国年轻人被判处 4 个月徒刑、3500 元新币的罚金和 6 下鞭刑。这起证据确凿、明显违犯所在国法律的小案件却遭到美国媒体铺天盖地的指责，新加坡亦被美国媒体视为"野蛮"国家。美国参议院甚至通过决议要求美国政府阻止新加坡执行这些判决，时任美国总统的克林顿也呼吁新加坡赦免迈克·费，但新加坡政府坚持司法独立及法律尊严，依旧执行，仅赦免了两下鞭刑。

③ Bernice Han, "US to Broaden Ties with Southeast Asia, but not Limit China: Zoellick", available at: http://www.aseansec.org/afp/116.htm.

2 月，美国正式任命国务卿助理帮办斯科特·马歇尔为常驻东盟代表。

　　奥巴马上任之后，调整美国全球战略，重点转向东亚，东盟是其亚太政策的支点之一。美国加强了同东盟组织的合作，提升了美国与东盟的整体关系。2009 年初，希拉里·克林顿在担任国务卿后便造访了东盟秘书处，显示了奥巴马政府对东盟的重视。2009 年 7 月，希拉里率高规格代表团参加了 2009 年 7 月举行的东盟外长会议，并与东盟签署《东南亚友好条约》。希拉里在泰国讲话时更是传递出一个明确信息："我们又回来了，美国将全面参与东南亚事务并承诺改善同东盟的关系。"① 2009 年 11 月，奥巴马出席了在新加坡召开的美国—东盟峰会，成为第一位出席东盟峰会并与东盟十国领导人展开直接对话的美国总统。在与东盟发表的联合声明中，美国明确表示将加强与东盟的接触与合作，将东盟视为亚太地区推动和平、稳定和繁荣的重要伙伴力量。② 奥巴马政府出台了一系列的政策加强与东盟国家的关系：设立美国历史上的第一个驻东盟大使职位；提出并着手谈判《美国—东盟贸易和投资框架协定》；在东盟地区论坛机制下开展人道主义救援的联合演练；加入《东南亚友好合作条约》；委派高级别官员实质性地参与东盟地区论坛；建立年度性的美国—东盟峰会机制等。

　　从美国高层对东盟国家访问的足迹，我们可以看出美国对东盟日益重视的轨迹。

　　首先，在安全方面，第二次世界大战以后，美国在东南亚的驻军在一定程度上为该地区局势的相对稳定提供了保护伞。与东北亚相比，在美国看来，该地区的安全问题大多是非传统安全问题，例如，国家内部冲突（柬埔寨）、马六甲海域的海盗、武器走私、疾病等。正是因为不存在大规模的常规安全隐患，美国才忽视了这个地区。③ 2001 年 "9·11" 事件以后，美国在反恐领域开展国际合作时，将目光锁定在这块世界上最大的穆斯林居住区。美国政府认为，基地组织与东南亚地区的恐怖组织之间的联系使其具有生存力和扩散力。④ 美国在阿富汗反恐战争取得胜利后，试图

　　① Hillary Rodham Clinton, "Remarks with Thai Deputy Prime Minister Korbsak Sabhavasu", available at: http://www.state.gov/secretary/rm/2009a/july/126271.htm, Jul. 21, 2009.

　　② Joint Statement-1st, ASEAN-US. Leaders' Meeting, Singapore, Nov. 15, 2009, http://www.aseansec.org/24020.htm.

　　③ Kim Kyung-won, "Tommy Kob, Farooq Sobhan", *America's Role in Asia: Asian Views*, The Asia Foundation, 2004, pp. 38 – 39.

　　④ 白宫 2003 年 2 月 14 日公布的《反恐国家战略》，available at: http://usinfo.state.gov。

在东盟地区开辟"打击恐怖主义战争的第二条战线",并借此扩大美国在该地区的军事存在和影响。美国的举动被认为"打着反恐的旗号,重返东南亚"。美国与东盟国家在这一时期的反恐合作主要表现在以下几个方面。(1)签署联合反恐宣言。"9·11"事件以后,在巴厘岛和雅加达发生了恐怖主义爆炸。这些恐怖活动促使东盟国家在反恐问题上与美国达成了更多共识。2002年5月,马来西亚总理马哈蒂尔访美期间,两国签署了《对抗国际恐怖主义的合作宣言》。2002年8月,东盟地区论坛年会期间,东盟十国与美国签署了《合作打击恐怖主义联合宣言》。根据宣言,东盟和美国将在打击恐怖主义领域中分享情报,制止恐怖分子筹资活动,加强跨国合作,制定严格条件,使恐怖分子难以使用伪造证件入境;通过培训、实地训练和联合演习等途径,强化反恐怖主义的能力;美国提供援助,加强对运输、边境和移民方面的控制,阻止与恐怖主义活动有关的人、财、物的流通;遵守联合国安理会有关决议和宣言。① 这些宣言为美国在该地区开展的军事活动奠定了基础。(2)举行联合军事演习。近几年来,美国与东盟国家频繁地举行联合军事演习,规模之大,次数之多,可谓前所未有。曾经设有美军基地的菲律宾与美国举行的联合军演最多,例如"肩并肩"系列联合军演、"平衡活塞"系列军演、"锐爪展望"军演等。随着演习的次数增多,规模扩大,参加演习的兵种不再仅限于陆军,海、空、海军陆战队以及一些后勤部队也参与进来。其中有些演习有其他国家军队参与或观摩。同时,参演的内容扩大到狙击、枪法、野外生存、人道援助等。美国、泰国、新加坡三国开展了"金色眼镜蛇"大型军事演习,其中2002年参加演习的两万余人中,美军占1.4万多人。三国空军还开展了"对抗虎"年度训练演习,海军举行了"克拉特"双边海上战备与训练演习。除传统的军事演习外,美军还出资为东盟国家提供军事训练、装备和设施等。近年来,美国与东盟国家先后达成一系列协议并获得了一些国家的基地、机场、港口、维修补给和后勤保障设施的使用权。2003年,新加坡特别为美国航空母舰的停靠而设计的码头竣工。马尼拉允许美军把菲律宾当作在东南亚地区的战略培训基地和中转站。美还与马来西亚达成了"开放天空"协议,与文莱达成了"允许美军舰机进入辖区"协议。印度

① U. S. – ASEAN Joint Declaration on Combating Terrorism, Aug. 1, 2002, available at: http://www. state. gov/p/eap/rls/ot/12428. htm.

尼西亚和马来西亚同意为美舰提供舰船修理设施。泰国同意美军在泰储备战争物资，并提供军队过境权。美国继续与印度尼西亚商讨租用纳土纳和比亚克岛为军事基地，并多次与越南磋商，希望使用金兰湾海军基地。（3）加大军事外交活动。美国还积极开展在这一地区的军事外交活动，与东盟国家进行了军事互访。其中与越南的军事互访最为引人注目。美海军"范德格里夫特"号导弹护卫舰还于 2003 年 11 月访问了越南。这是 20 世纪 70 年代越战结束后美军舰第一次驶入越南港口，表明两国关系得到了很大程度的提升。通过上述军事活动，美国逐步加强了其在东盟地区的军事存在，改善了与东盟国家的关系，也扩大了美国在这一地区的影响。

在奥巴马转向亚太政策的框架下，美国与东盟国家在安全领域的合作进一步加强。在南海问题上，美国与越南和菲律宾互相呼应，特别是与越南加强了军事交流与民用核技术合作，两国在南海举行联合海军演习。美国也恢复了与印度尼西亚"国家精英特种部队"（Kopassus）的联合军事行动。2010 年 7 月中旬，甚至与一直在其"黑名单"上的柬埔寨联合举办了多国参与的"吴哥哨兵"（Angkor Sentinel 2010）的军事演习。2011年 2 月 7 日在泰国举行了东南亚地区最大规模的、代号为"金色眼镜蛇"的联合军演。

其次，在政治方面，美国官方扩大了与东盟国家的外交往来，改善或提升了与东盟国家的关系。在第一任期内，布什及其国务卿鲍威尔相继访问了部分东盟国家；国务卿鲍威尔于 2002 年和 2003 年两次参加了东盟地区论坛相关会议；东盟国家领导人，如印度尼西亚总统梅加瓦蒂、马来西亚总理马哈蒂尔和巴达维、菲律宾总统阿罗约、新加坡总统李显龙等都相继访问了白宫。另外，在东盟的对外合作机制中，美国是其对话伙伴之一。

然而，从双边关系来看，并不是每一个东盟国家都得到了美国的青睐。美国认为，马来西亚、菲律宾和印度尼西亚是"恐怖分子的可能藏身之地"，因而加强了与这些国家的军事合作并予以援助，而柬埔寨、老挝和缅甸甚至仍然被列入"需要改革"的国家之列。

在美国与这些国家的双边关系中，改善最明显的是美越关系、美—印尼关系。在 20 世纪 70 年代，美国对越南的战争在世界历史上留下了噩梦般的一页。1995 年 7 月，两国建立了正式外交关系。在过去的十年里，美国前国务卿克里斯托弗、奥尔布赖特、鲍威尔都到访过越南。2000 年 3月，时任美前国防部长科恩访越。同年 11 月，继 1969 年尼克松的访问后，克林顿访问了越南。10 月，美国参议院批准美国政府给予越南正常贸易关系地位。2003 年 11 月，时任越南国防部长范文查访问了美国。这是 1975 年越战结束以来，越南国防部长首次访美，开创了越南最高军事官员访问美国的先例。两国间联系层面的不断拓宽表明美越关系逐步升温。然而，基于历史的原因和亚洲地缘政治的影响，两国关系仍然存在变数。首先，双边关系的提升源自各自战略利益的考虑。就美国而言，冷战结束后，中越的接近加强了美国的危机感。从越南方面来看，越南在军事变革进程中已大大落后，为提高军队的现代化水平，摆脱落后状态，提升其在东南亚地区的影响力，在一定程度上需要得到美国的军事援助。另外，越战在越南人民心中留下的阴影至今还未消除，因而，越南也对美国的"和平演变"抱有极大的戒心，对美国的"单边政策"心存疑虑。与印度尼西亚、菲律宾等国家不同的是，美国与越南关系的改善和加强并不是基于反恐战略，而只是作为美国"重返越南"战略的一个契机。

美国与印度尼西亚的关系比较复杂。1999 年前，东帝汶的流血暴力冲突曾使两国关系陷入僵局。美国国会曾经通过《莱希修正案》，禁止向印度尼西亚提供任何军事援助。"9·11"事件之后，布什政府认为与这个世界上最大的穆斯林国家开展反恐合作具有重要的意义，于是主动示好，改善两国的关系。时任印度尼西亚总统梅加瓦蒂 2001 年 11 月访问了美国，是"9·11"事件后伊斯兰世界第一位访问美国的国家领导人。她对美国反恐斗争的支持得到了布什的赞扬和欢迎。2005 年 5 月，美国部分解除了对印度尼西亚的武器禁运，主要是在非作战武器方面，允许向印度尼西亚提供一些交通和通信保障设备。另外，在南亚海啸发生后，美国还向印度尼西亚提供了用于输送人道主义援助物资的 C－130 型"大力神"运输机的零配件。

1992 年美军撤出苏比克和克拉克军事基地后，美菲关系一度陷入低潮，但在美国的战略中，菲律宾是美国的盟友。"9·11"事件以后，频受境内阿布萨耶夫反政府武装恐怖活动困扰的菲政府对美国的反恐行动给予了积极支持，是亚洲国家中第一个公开表示支持美国的政府，而且表示愿意提供上述两个军事基地，并派部队参加国际反恐战斗。同时，阿罗约总统访问了美国，她对美国反恐斗争的支持得到了布什的大加赞赏。两国政治军事关系随后得到迅速提升。美国为阿罗约政府提供了一大笔军事和经济援助，帮助其巩固了国内地位。

马来西亚也是穆斯林人口占多数的国家。1998 年，受"安华"事件的影响，两国关系一度恶化。"9·11"事件后，美国主动示好，马政府也顺水推舟，两国关系有了一定的改善。前总理马哈蒂尔和现总理巴达维都访问了美国。2002 年，马哈蒂尔访美期间，两国签署了反恐合作宣言。在反恐合作的前提下，布什政府为马提供了军事和经济援助。克林顿执政时期，马来西亚的"人权"问题频频遭到美国的指责，而布什政府却不再把"人权"作为两国关系中的首要问题。对于马《国内安全法案》，美国甚至表示理解。

自 2001 年 9 月 11 日的恐怖袭击之后，泰国一直致力于加强同美国在安全保障方面的合作；2003 年，泰国政府甚至不顾其他东盟成员的反对，决定帮助美国，派遣部队到伊拉克维持秩序。泰国的合作赢得的回报是丰厚的，2003 年年底，布什宣布，美国在亚洲的反恐战争伙伴泰国，已成为其在北约之外的主要盟国。新加坡被美国当作最可靠的盟友。

另外，在美国看来，缅甸、老挝和柬埔寨对美国政策的分量远不如其他国家。这些国家国内问题重重，需要大力改革；经济发展落后，目前还谈不上与美国的经济合作，反而需要美国的援助。在美国的人权报告中，缅甸和柬埔寨的人权记录仍然很差。

奥巴马任美国总统以来，在之前布什政府重视与东南亚国家合作的基础上，进一步调整了美国对东盟国家的关系，全面夯实与东盟国家已有的双边关系，努力拓展新的双边关系。奥巴马和希拉里都高调访问了印度尼西亚，向印度尼西亚提供了大量的军事、经济援助。在文化交流方面，美印尼双方续签了福布赖特教育交流协议，同意美国两大援助机构"和平队"和"千年挑战公司"在印度尼西亚展开工作。美国十分看好越南经济发展潜力和制衡中国影响的独特作用①，向越南示好，与越南密切合作，在南海举行联合海军演习，在南海问题上挑战中国。奥巴马政府还于 2009 年将柬埔寨从"黑名单"上拿掉，允许美国的投资与贷款进入柬埔寨。目前在接受美国援助的亚太国家中，柬埔寨已经上升至第三位。最引人注目的是美国对缅甸实施的新政策。吴登盛（Thein Sein）总统在国内推行改革，并对缅甸国内反对派昂山素季（Aung San Suu Kyi）等人开启了对话之

①　Daniel Twining, "America's Grand Design in Asia", *The Washington Quarterly*, Vol. 30, No. 3, 2007, pp. 85 – 86.

路之后，奥巴马政府迅速地抓住了机会。2011 年 4 月初，昂山素季及其数十位全国民主联盟（National League for Democracy, NLD）同事当选为议员，这是发生在缅甸的一个重大事件。缅甸此举得到了西方民主国家的欢迎，被认为开启了可能通向民主化之路。[①] 于是，美国政府也向缅甸打开一扇大门。[②] 2011 年底，在孤立和制裁缅甸长达五十年后，希拉里作为美国国务卿首次踏上缅甸的国土，期间，她不但会见了总统吴登盛，也与昂山素季进行了会谈，并对昂山素季作为政治象征推进缅甸的民主化进程寄予厚望。六个月之后，奥巴马任命米德伟（Derek Mitchell）作为美国第一位缅甸特使。2012 年 9 月 18 日至 10 月 14 日，昂山素季对美国进行了为期 17 天的访问，同时吴登盛总统也踏上美国的国土，参加联合国代表大会。缅甸出现的这种政治和解倾向使美国颇受鼓舞，于是，在二者访问美国期间，为了认可缅甸快速的改革步伐，美国宣布将取消禁止进口缅甸货物的限制。至今，美国对缅甸的解冻政策虽然在慢慢松动，但这是一种"有原则地接触"（Principled Engagement）政策。其原则就是奥巴马总统所声称的"缅甸必须朝着民主化改革方向迈进，否则就不能与美国建立新型关系"[③]。2012 年 11 月 17 日，作为胜选连任后亚洲之行的一部分，奥巴马本人也最终踏上缅甸的国土，对缅甸进行了 6 小时的历史性访问。奥巴马之行一方面敦促缅甸政府继续致力于改革，特别是继续改善人权状况，同时也暗示假如改革保持现有节奏，美国会提供更多支持。

最后，在经济层面上，东盟国家一直被美国工商界看作重要的新兴市场。2002 年 4 月，时任美国贸易代表的佐利克同东盟举行了时隔十年的美国—东盟经济部长会议。会议结束后，佐利克会见记者时说，"拥有 5 亿人口的东盟对美国来说是有吸引力的市场。这次双方一致同意制订促进贸易和投资的计划，表明对双方而言加强合作是重要的"。2003 年，美国在该地区的投资总额为 880 亿美元，超过了美在中国和印度的投资总和。美国与东盟国家的贸易也相当可观，2003 年二者之间的贸易总额达 1200 亿

---

① Thomas Carothers, "Is Burma Democratizing?" Apr. 2, 2012, Q&A, Carnegie Endowment for International Peace, available at: http://www.carnegieendowment.org/2012/04/02/is-burma-democratizing/a62j.

② "Obama Opens Door to New U. S. Tes with Myanmar", Routers, available at: http://www.reuters.com/article/2011/11/18/us-usa-myanmar-obama-idUSTRE7AH0CM20111118.

③ Statement by President Obama on Burma, available at: http://www.whitehouse.gov/the-press-office/2011/11/18/statement-president-obama-burma.

美元，在美国的贸易伙伴中排第五位。[①] 在 2002 年墨西哥洛斯卡沃斯 APEC 会议期间，布什与东盟七国的领导人会见时提出了双方进行经济合作的"东盟行动计划"。该计划的核心是缔结自由贸易协定（FTA），以东盟各国的经济改革作为前提条件，先与东盟各国分别缔结双边自由贸易定，然后建立"美国—东盟自由贸易区"。与美国缔结双边自由贸易协定的国家，必须签署"贸易和投资框架协议"，在政府机构透明度、实施知识产权保护政策等方面制定共同规则。其中，柬埔寨、越南、老挝和缅甸以参加 WTO 为前提条件。2003 年 3 月，在万象召开了配合该计划的非正式协调会议（ASEAN-US Informal Coordinating Mechanism Meeting）。不过，虽然美国制订了这样一个旨在促进与东盟国家集团进行自由贸易的计划，事实上，美国与东盟谈判该协定是在除缅甸、老挝和柬埔寨三国之外的其他七国进行的，因为缅甸、老挝和柬埔寨不是亚太经合组织和世界贸易组织成员，所以没有资格进行自由贸易谈判。而美国在推进自由化的实际行动中也是以双边为重点。目前，美国已经与新加坡签订了双边自由贸易定。美国认为与东盟国家全面开展自由贸易的时机还不成熟。实际上，除了军事援助外，大部分东盟国家目前也在接受美国的经济援助。

　　虽然布什政府在反恐的前提下加强了与东盟国家的关系，但是反恐不是该地区的首要关切。布什政府忽视东南亚的经济发展深为东盟所诟病。而中国的经济快车却成为东盟国家的经济发展希望所在。因此，在美国忙于反恐期间，中国—东盟自由贸易区获得了快速推进。奥巴马上台后，实施巧实力战略，以打"经济牌"来进一步拉近与东盟国家的关系，开始重视扶持东南亚地区相对贫困的国家——越南、缅甸、老挝、柬埔寨等国的经济发展。2009 年 7 月，希拉里与湄公河下游越、老、柬、泰四国外长举行了首次美国—上湄公河倡议外长会议，提出"湄公河流域开发计划"，在卫生、教育和基础设施建设方面与四国达成合作协议。2010 年 4 月，美国官员在老挝与该国湄公河委员会举行会晤，明确具体的援助方案。

　　纵观近十几年来小布什和奥巴马时期美国对东盟政策的调整，我们可以看出，美国并不是诚心诚意推动东盟地区一体化的发展，而是更强调双边关系的发展。东盟作为一个多边框架，在亚太地缘政治博弈中，试图寻

---

　　① Kim Kyung-won and Tommy Kob, Farooq Sobhan, *America's Role in Asia: Asian Views*, The Asia Foundation, 2004, p. 45.

求发挥小国推动大国外交的作用，对于这一点，美国并不热情支持。例如，对于东盟地区论坛，美国认为这是个组织架构庞大而松散、决断和制约能力低下的"清谈会"，赖斯甚至几度不出席会议。然而，东盟作为一个整体，对于平衡中国和日本等地区大国的影响，美国是非常重视的。2010 年 7 月 23 日在河内东盟地区论坛（ARF）第 17 届外长会上，希拉里发表了让中国颇为愤怒的关于南海的言论。

（三）美国与跨太平洋伙伴协定（TPP）

跨太平洋伙伴协定并不是美国发起的谈判，然而，2008 年 2 月，美国宣布加入之后，开始主导 TPP 的谈判。2009 年 11 月，美国正式提出扩大跨太平洋伙伴关系计划①，并将之正式定名为跨太平洋伙伴协定。此后，美国推动它以《美韩自由贸易协定》（U. S. – Korea Free Trade Agreement, KORUS FTA）为范本，成为涵盖从投资到环境标准，从劳工标准到知识产权，以及政府行为和新兴产业如国有企业、中小型企业等方方面面的协议。② 正如亚太经合组织一样，跨太平洋伙伴协定虽然并不是美国动议的计划，但是得到了奥巴马政府的积极推动。

在谈判过程中，美国力求将其认定的各项标准用作谈判的标准，例如在服务贸易上，美国倾向采用"否定列表"（negative list system），除非明确规定保留项目，其他所有部门一律开放，同时未来开放的部门也将自动开放；把创新作为治国方略的奥巴马政府将关于服务贸易的创新也视为 TPP 谈判的重要部分；美国主张将敏感产品实行保护主义性质的原产地原则，例如对于纺织品，美国坚持执行"纺纱前沿"（yarn-forward）的方式，要求从面纱开始，服装制作的全过程必须在跨太平洋伙伴协定谈判成员加工；在劳工标准方面，美国希望跨太平洋伙伴协定谈判国执行 1998 年国际劳工组织出台的《关于工作中的基本原则与权利宣言》，美国同时希望跨太平洋伙伴协定谈判国在出口加工区实施国家劳工法；在知识产权方面，美国要求谈判国签署《世界知识产权组织表演和录音制品条约》（WIPO Performances and Phonograms Treaty，WPPT）；美国力图说服谈判国接受

---

① "The United States in the Trans-Pacific Partnership", available at: http://www.ustr.gov/about-us/press-office/fact-sheets/2011/november/united-states-trans-pacific-partnership.

② Bernard K. Gordon, "Trading Up in Asia", *Foreign Affairs*, Jul./Aug. 2012, pp. 17 – 22.

《投资者与国家争端解决条款》（Investor-State Dispute Settlement，ISDS），提出在涉及融资、监管和透明度等问题上，要保证国有企业没有被给予不公平的竞争优势；美国农产品出口补贴是谈判的主要障碍之一；TPP 是一个多边谈判，针对美国签订了双边自由贸易协定的谈判国，美国希望与之继续维持双边自由贸易协定，而尚未与美国签订 FTA 的国家，美国欲积极与之进行双边谈判。

虽然跨太平洋伙伴协定表面上是一个贸易谈判计划，但是，奥巴马政府把它纳入了正在调整的东亚战略，而且急于以美国的意志推进谈判进程。正如美国企业研究所研究贸易问题的学者巴菲尔德认为的那样，"跨太平洋伙伴协定已经成为美国领导地位的象征……它所承载的重要性远远超过了一个贸易协议，它被看作美国有能力转向亚太而且在亚太的经济架构上发挥领导作用的一个重要象征"①。但是，美国的立场并未得到亚洲谈判成员的支持。在 2013 年 8 月 23—24 日举行的谈判中，日本加入了谈判，但是日本并不是与美国站在一起的，而是扮演一个中立者的角色，并力图寻求在 TPP 谈判中的主导地位。马来西亚和新加坡都反对美国急于结束谈判的要求。②

结语：菜单式多边选择，工具性利用方式

对于亚太多边合作框架的建构，美国在反对和支持之间采取了菜单式选择政策。20 世纪 80 年代亚洲经济腾飞之时，当日本、马来西亚等亚洲国家主动提出多边合作方案时，美国明确表示反对，因为美国没有做好主导亚太多边合作的准备，而又不希望其他任何一个国家发挥领导作用。在亚太地区一体化进程加快，亚太经合组织的发展初具规模时，美国将这一机制提升，加强了其政治地位，并且开始主导其发展方向和议题。尽管没有得到其他成员的积极配合，但是也防止了任何一个国家主导这一机制的可能。最明显的例子是 TPP。TPP 初具雏形时，与美国没有任何关系，然而，奥巴马上台后，为了配合其"亚洲再平衡"政策的实施，将这一贸易

---

① 美国重返亚洲之路（第四集）：美国亚太策略的经济支柱——跨太平洋伙伴关系，VOA 卫视，参阅网页 http：//www.voachinese.com/content/back-to-asia-20121005/1521318.html。

② Iwasaki Hiraku and Akihiro Okada，"US Stance on TPP Criticized"，*Yomiuri Shimbun*，August 25，2013，available at：http：//www.bilaterals.org/spip.php? article23719&lang = en。

谈判方案提到亚太多边合作的优先议程，主导了谈判的条件和进度。TPP的谈判虽然目前尚未完成，其前途也不明朗，但是在过去的几年里，如果说美国的反恐议题使 APEC 偏离了其初衷的话，TPP 在更大程度上扰乱了 APEC 的议程，使 APEC 更加弱化。

在安全领域，美国虽然参与了六方会谈、东盟地区论坛，以及香格里拉对话等旨在维护地区稳定的各个对话平台，但是从其参与的历程来看，多半时候是半心半意。实际上，美国的政策支柱仍然是与日本、韩国和澳大利亚等国家的双边同盟关系，多边合作框架只是辅助性外交工具。例如，东盟作为一个多边框架，在亚太地缘政治博弈中，试图寻求发挥小国推动大国外交、维护地区安全的作用，然而，对于这一点，美国并不是诚心诚意地支持，而是更强调与东盟国家双边关系的发展。然而，东盟作为一个整体，对于平衡中国和日本等地区大国的影响，美国又是非常重视的。

总之，美国在亚太地区寻求的是适合美国发挥作用又不伤害其霸权的多边合作框架。在参与的过程中，美国以不同方式或借助不同手段对多边合作框架的构建施加影响，使之符合美国的利益。

第四章

对亚太多边合作框架下中美关系的评估

国际机制可以影响国家的行为，国际机制的规则可以被赋予特别的影响力，影响参与者的认同、利益与行为。根据建构主义理论，国际机制是一种社会环境，在这个社会环境里，国际机制影响力的发挥过程是一个模仿的过程，模仿可以使成员在组织内部就解决冲突的合法方式达成基本一致。① 如果说中美两国参与东亚多边合作机制是为了博弈各自的最大利益，那么亚太多边合作框架则为中美关系的发展提供了重要的国际社会环境。但是，这种国际社会环境的重要性常常被忽略。

冷战后，美国的对华战略曾经在"接触"（Engagement）和"遏制"（Containment）之间摇摆。克林顿上台以后，经过一段时间的徘徊和犹豫，最终对华实行"全面接触"（comprehensive engagement）政策。布什上台后，其初期政策认为中美之间的冲突不可避免，在"冲突"的基础上来追求尽可能的"合作"。然而，随着经济的发展和全球化的加强，中国日益成为世界经济增长的一个动力。这种情况使得美国对中国采取的任何形式的孤立政策都将不那么有效。于是，布什政府开始用经济整合来制约中国，采取继续和中国交往以获取经济利益的"遏制加接触"（congagement）战略。②

---

① 江忆恩：《简论国际机制对国家行为的影响》，《世界经济与政治》2002 年第 12 期。

② "congagement"是将"containment"和"engagement"合二为一的词，最早见于目前美国常驻联合国代表、前驻伊拉克大使扎勒米·哈利勒扎德（Zalmay Khalilzad）主编的《美国和崛起中的中国：战略和军事方面的影响》（*The United States and a Rising China: Strategic and Military Implications*, MR – 1082 – AF, 1999）一书。他认为中国崛起后的走向具有很大的不确定性，有可能成为国际社会负责任的一员和美国的朋友，也可能为谋取地区霸权而成为美国的敌手。一味执行接触政策，会使美国在一旦受到中国挑战时毫无准备和措手不及。而一味实行遏制政策会把中国过早推到敌对阵营，在经济上对美国也十分不利。而且，美国现有的资源以及周边盟友的态度都不足以遏制中国的崛起。因此，他认为最佳的政策是"遏制加接触"，承续接触政策，希望能改变中国成为民主国家，防止中国对美持敌对态度；同时采取遏制措施，防止中国强大后挑战美国的利益。美国学者认为，小布什于 2001 年上台后，"遏制加接触"成为对华政策主流。

　　然而，在美国制定对华政策时，假设而错误的前提就是：忽略其他东亚国家的存在。无论美国采取什么样的对华政策，东亚国家都被假设会采取默许的态度。① 东亚国家曾经被看成为双方中可被一方使用的工具。2001 年，兰德公司出台了一份由扎勒米·哈利勒扎德（Zalmay Khalilzad）主笔的报告，认为亚洲地区国家将与美国一起制衡正在崛起的中国。② 但是现在，东亚国家的自主性大大加强，它们希望成为东亚安全和发展担责的一方，希望在中美之间担当协调者的角色。③ 新加坡前总理吴作栋曾经认为，美国在东南亚的存在不再像冷战和越战期间那样，将该地区作为一个战场，美国现在对东南亚的介入是"被邀请来的"，而邀请的权力在东盟手中。④ 东亚自主性的表现就是近年来推进将美国排除在外的东亚多边合作机制的发展，例如东亚峰会、"东盟＋3"（10＋3）等。那么，这种自主性和东亚地区日益加强的多边合作对中美关系产生了什么样的影响？由于东亚地区多边合作的复杂性和中美关系本身的复杂性，考察所有多边合作机制或模式对中美关系的影响显然是一个不好梳理的思路，因此，本书选取中美均是成员的亚太经合组织、东盟地区论坛和非机制化的六方会谈作为案例论述亚太多边合作框架下的中美关系。

第一节　亚太经合组织与中美关系

　　对于中美关系而言，根据中国成为亚太经合组织成员以来中美两国之间的互动交流，我们可以认为，亚太经合组织为中美两国提供了一个独特的对话平台。两国首脑在亚太经合组织领导人非正式会议期间定期会晤使中美关系不止一次峰回路转。在经济领域，中国被视为该地区正在崛起的力量。2002 年，中国加入了世界贸易组织。在美国看来，中国更有能力为亚太经合组织的发展作出贡献。⑤ 中美在亚太经合组织多边层次上就贸易

---

　　① Gaye Christoffersen, "The Role of East Asia in Sino-American Relations", p. 369.

　　② Zalmay Khalilzad, *The United States and Asia Toward A New U. S. Strategy and Force Posture*, available at http：//www. rand. org/pubs/monograph_ reports/MR1315/.

　　③ Gaye Christoffersen, "The Role of East Asia in Sino-American Relations", p. 370.

　　④ "Goh Urges Bush to Show Tolerance Towards Beijing", *South China Morning Post*, Jun. 14, 2001.

　　⑤ Dana Robert Dillon, Balbina Y. Hwang, John J. Tkacik, Jr. and Brett D. Schaefer："Back to Basics：An Economic Agenda for APEC", Backgrounder #1604, http：//www. heritage. org/Research/AsiaandthePacific/bg1604. cfm.

和投资问题达成了一些协议。

亚太经合组织框架下的中美关系也引起了国外专家们的注意和讨论。1997 年，日本奈良大学（NARA）的一份报告曾提出"美国和中国在亚太经合组织中何去何从"的问题①；哈佛大学博士斯德哈斯·莫汉达（Siddharth Mohandas）也提出过中美在亚太经合组织中如何合作问题（1999）。②

毫无疑问，亚太经合组织是中美两国领导人交流的一个重要渠道。自从 20 世纪 70 年代中美关系正常化以来，中美两国已经建立了很多可以交流的渠道，但是机制性的或定期的领导人交流渠道为数不多，亚太经合组织为两国领导人的会晤提供了独特的对话场所。而且，随着接触的增加，两国领导人交流沟通的内容也不仅限于双边问题，而且扩展到地区和全球问题，体现了大国负责任的姿态。1993 年首次领导人非正式会议上的历史性握手，被普遍视为打破 1989 年后长达 4 年的僵局、使中美关系走向积极进展的序曲。从此，两国首脑在亚太经合组织领导人非正式会议期间会晤成为经常化的机制，中美关系不止一次在亚太经合组织非正式领导人会议上由冷回暖。1995 年，美国政府允许李登辉访美，触动了中美关系中绷紧的神经。中国军方的一些访美计划甚至因此延迟、中断甚至取消。11 月 24 日，江泽民参加马尼拉领导人非正式会议时与克林顿进行了会晤，双方进行了沟通，化解了危机，使中美关系得以继续发展。1999 年，"炸馆"事件使中美关系再一次陷入谷底。9 月 11 日，江泽民同克林顿在新西兰奥克兰出席亚太经合组织领导人非正式会议期间举行了正式会晤。会晤是积极的和建设性的。中美关系气氛有所改善，双方在各个领域的交流与往来有所增多。10 月 17 日，应克林顿的要求，江泽民与克林顿通过中美元首直通线路通了电话。双方就中美关于中国加入世贸组织谈判的有关问题交换了意见。10 月 25 日，江泽民致电克林顿，表示在奥克兰亚太经合组织领导人非正式会议期间举行的正式会晤取得了积极和建设性的成果，希望中美双方继续努力，推动两国关系进一步改善和发展。

2001 年布什竞选总统的时候，曾将中国描述为美国的"战略竞争对手"，并公开蔑视克林顿政府的对华政策。撞机事件发生以后，两国领导

---

① "The Emerging Asia-Pacific Community?" *A Report From NARA*, Japan Echo Inc., 1997.

② Siddarth Mohandas, "A New Era of Cooperation? The Growth of Multilateral Organizations in Asia", Harvard Project for Asian and International Relations in 1999.

人的对话曾一度中断。布什所在的共和党内的保守势力极力主张在台湾等问题上对中国政府采取更强硬的政策。但"9·11"事件之后，两国元首在上海亚太经合组织领导人非正式会议期间会晤为布什此后修正对华立场提供了契机，布什开始表态"中国不是美国的敌人"。在他的讲话中，人们很难再寻觅到"战略竞争对手"之类的词句。上海亚太经合组织领导人非正式会议为布什向世界发表其反恐宣言提供了平台，同时，中美两国得以重新定位双边关系，并从此进入了相对稳定的发展时期。

胡锦涛就任以后，与布什总统已经多次在亚太经合组织领导人非正式会议上会面。2004年圣地亚哥会晤是布什连任后两位领导人的首次会晤，会晤的良好气氛被认为"为未来四年中美关系定了调"①。中美两国首脑聚首形成了中美之间"蜜月般的紧密关系"②。之后，两位领导人在亚太经合组织的多次领导人非正式会议上就中美关系的发展和反对恐怖主义、维护世界和平与稳定等重大问题深入交换意见，同意双方在安全、政治和经济领域扩大合作，致力于发展"建设性合作关系"③。

布什任内，以亚太经合组织作为领导人交流平台，中美两国推进了反恐、贸易等领域的合作，促进了双边关系的平稳发展，但中美之间的分歧和矛盾并没有解决。亚太经合组织为中美两国对话提供了对话交流重要平台，也隐藏了两国关系中最敏感问题的"雷区"。这些"雷区"的存在在很大程度上也掣肘着亚太经合组织机制化的进一步加强。例如，中美关系中最为敏感、最为核心的台湾问题。台湾和香港作为非主权经济体成员，台方却企图通过亚太经合组织与会人员的身份来提高国际地位，拓展国际空间。中国政府对此一直持反对态度，而美国对此一直态度模糊。

奥巴马上台后，调整了美国的反恐战略，对朝核问题也一直是半信半疑，更加重视平衡中国在东亚的影响力。由此，中美赖以合作的安全基础变得松散，亚太经合组织虽然依然是两国领导人沟通的最好平台，但是也成为美国宣示其亚洲强势政策和推行"亚太再平衡"战略的平台和工具。例如，2009年11月，奥巴马在新加坡举行的亚太经合组织领导人非正式会议上宣布美国加入跨太平洋伙伴关系协定的谈判。2011年10月，在参

① 《中国新闻周刊》2004年11月29日，总第206期。
② 《国际先驱导报》2003年10月24日。
③ 《中国外交（2002）》，世界知识出版社2002年版，第375页。

加亚太经合组织领导人非正式会议的整个过程中，奥巴马成功地推出了"亚太再平衡"这一政策概念，在太平洋上激起阵阵涟漪，影响一直持续到现在。虽然台湾问题、朝核问题不再是亚太经合组织领导人非正式会议上令中国神经紧绷的敏感话题，然而，奥巴马推出的政策概念使中国陷入了一种欲友不能、欲敌不适的境地。

第二节　东盟地区论坛与中美关系

中国作为东盟的协商伙伴国、美国作为东盟的对话国同时参加了1994年7月25日东盟地区论坛在泰国召开的首次外长会。这次会议首次将该地区主要大国的领导人聚集在一起讨论地区政治安全问题，其间的对话商讨无疑有助于消除大国间的敌意，缓和相互间的紧张关系，正如论坛通过的主席论坛声明所言："东盟地区论坛将能对亚太地区建立信任和进行预防性外交的努力作出重大贡献。"[①] 在东盟地区论坛召开的历届会议上，各参加国都可以在发言中自由地表达本国的利益关切。虽然这些利益关切因各自的安全利益差异而不可能一致，甚至相互矛盾，但论坛的框架使得各国保持相互联系与对话，并在共同的安全利益上求得共识。会议在讨论安全问题时，强调大国关系的稳定是支撑地区稳定的基本因素。正是这种基于安全利益的机会和对话为中美两国协调关系提供了平台，而对大国关系稳定的强调也引导中美两国在处理双边关系时保持克制，在重大国际和地区安全问题上寻找共同点，促进相互理解和信任。

1994年由东盟发起的东盟地区论坛，时值中美两国经历一段风雨之后，使中美关系有所缓解。东盟地区论坛是亚太地区第一个、也是唯一的政府间多边安全对话制度，目的是通过多边对话，发挥"斡旋"作用，缓和地区大国之间的关系，避免大国对抗使东盟陷入选择的困境。

1999年，时任中国外长唐家璇在参加第6届东盟地区论坛外长会期间，会见了时任美国国务卿奥尔布赖特。这是自北约"误炸"中国驻贝尔格莱德使馆事件导致中美关系恶化以来，两国外长的首次会谈。双方在会谈中表示继续保持和发展两国正常国家关系的愿望。

2001年中美撞机事件发生以后，东南亚国家首先表示失望，认为东盟

---

① Chairman's Statement: The First Meeting of the ASEAN Regional Forum, Jul. 25, 1994, Bangkok.

地区论坛没有能有效地阻止中美之间发生冲突。它们不愿充当中美冲突升级的舞台，因为这将削弱它们的"调停"作用。① 撞机事件折射出东亚国家想要在中美之间起一种"平衡"作用。在撞机事件中，日本和韩国的态度都是中立，以维护亚太地区的和平为由来进行调停。因此，美国认为其亚洲盟国"抛弃"了它，当它与中国真的发生军事摩擦时，没有国家跟它站在一起。这被认为是其东亚战略的最大缺失。② 2001 年 7 月，在河内召开的第八次东盟地区论坛外长会为中美关系进行调停提供了时机。东盟在这次会议上提出，中美应消除彼此之间的紧张关系而保证东亚地区的和平。当年东盟地区论坛《年度安全展望》以相对安抚性的语气叙述了美国与中国 4 月份发生的危机，报告认为，撞机事件表明中美关系的重要性不能因为缺乏沟通、互信和理解而遭受损害。美国与中国之间积极的关系最符合两国的共同利益。③ 关于中国的部分则提到，中国参与的亚洲多边合作机制是推进中美关系的积极因素，而双边军事结盟和发展国家导弹防御系统（NMD）则是负面因素。④ 在这次会议上，就连日本也提议加强东盟地区论坛的机制化，以使其成为一个能够减弱未来中美关系紧张的更加有效的论坛。假如说新、日、韩在中美撞机危机事件中发挥了调停作用，那么东盟地区论坛则是它们发挥这种角色的舞台。同时，这也表明东亚多边机制不会为美国所利用，成为美国围堵中国的工具，而是希望帮助促进中美关系的稳定。

东盟与中国交往的加强也促使美国加强其对东南亚的影响，特别是军事存在。基于地缘因素，东盟国家对中国实际上抱有一定的戒心，但"由于'地区主义'的考虑，在东盟眼里，中国更可能为东南亚地区带来和平，这一点上不太能指望远在西半球的美国"。2006 年，新加坡南洋理工大学国

---

① "ASEAN Says U. S. and China Must Act Sensibly", *Reuters*, April 8, 2001, http://www. insidechina. com/news. php3? id = 332647.

② Ted Galen Carpenter, "With Friends Like These... Where Were our Asian Allies During the China Standoff?" *The Washington Post*, Apr. 18, 2001, p. 21.

③ ASEAN Regional Forum, *ASEAN Regional Forum Annual Security Outlook* 2001, Presented at the Eighth ARF meeting, Hanoi, Vietnam, July 2001, available at: http://www. aseanregionalforum. org/PublicLibrary/Publications/AnnualSecurityOutlook2001/UnitedStatesofAmerica/tabid/262/Default. aspx.

④ ASEAN Regional Forum, *ASEAN Regional Forum Annual Security Outlook* 2001, Presented at the Eighth ARF meeting, Hanoi, Vietnam, Jul. 2001, available at: http://www. aseanregionalforum. org/PublicLibrary/Publications/AnnualSecurityOutlook2001/China/tabid/251/Default. aspx.

防战略研究所助理教授吴翠玲在接受《华盛顿观察》采访时说："经济上，中国是亚洲的引擎；地理上，美国远在西半球，而中国却和东盟毗邻；实践中，过去十年中国和东盟的外交关系可以说是非常成功的，双边、多边的经济联系越来越蓬勃。因此，无论从哪方面讲，中国对东盟而言都是不可回避的力量，唯一的选择就是和中国接触。"她认为，"中国采取了不同的风格影响东南亚。中国不做霸权，不做超级大国，就是要做一个经济上的合作伙伴，以软实力进入这一领域"。"在军事实力上，中国远不如美国。而中国在安全上最大的忧虑也不在这一地区。更何况东盟国家现阶段的共同目标就是发展。它们了解地区不稳定对经济发展的危害，与中国交往时根本没有安全上的担心。"① "中国一直都在积极发展和东南亚国家的关系，尤其愿意和每个国家单独讨论问题，通过发展双边关系融入多边组织。同时，东盟也愿意将中国纳入其地区对话体系当中。…… 可以说，对东盟国家而言，中国已经成了一个举足轻重的地区强国。"美国亚利桑那州立大学东南亚研究项目教授谢尔登·西蒙（Sheldon W. Simon）也如是说。② 美国企业研究所（AEI）高级研究员克劳德·巴菲尔德在接受《华盛顿观察》周刊的采访时说，"相比之下，中国则积极和东南亚国家签署各种经贸协定。从直接后果来看，这当然是发展了双方的经济合作。但是长远看，这些条约还是有政治意义的，不免让美国有些担心"③。

但是，也有人甚至认为，中国与东盟经贸关系的加强对美国在该地区的利益是一种威胁，将削弱美国在亚洲的影响。而且，如果美国任由中国与东盟国家发展友好关系，将会"鼓励中国在世界其他地区与美国进行利益抗衡"④。在这种"中国威胁美国利益"的观点的指导下，布什政府得到的政策建议就是：美国必须在政治、经济和安全方面付出双倍努力来淡化中国的影响。⑤ 东盟国家在与中国交流的同时，南海的领土之争和台湾海峡危机始终是双方关系发展的瓶颈。也正是这一点成为东盟各国政府接

---

① 李焰：《过招东南亚，中国靠双边外交领先美国》，《华盛顿观察》2006 年 2 月 12 日。

② 同上。

③ 同上。

④ Amitav Acharya and See Seng Tan，"Betwist Balance and Community：America，ASEAN and the Security of Southeast Asia"，*International Relations of the Asia-Pacific*，Vol. 6，No. 1 2006，p. 51.

⑤ Dana R. Dillon，John J. Tkacik，Jr.，"China and ASEAN：Endangered American Primacy in Southeast Asia"，*Backgrounder*，#1886，Oct. 19，2005，available at http：//www. heritage. org/Research/AsiaandthePacific/BG1886. cfm.

受美国在该地区加强军事力量的主要理由。

这种淡化中国或消减中国影响的努力在奥巴马任美国总统以来得到加强。最为明显的就是东盟地区论坛成为中美就南海问题进行博弈的重要场合。2010年7月，希拉里·克林顿在越南河内召开的东盟地区论坛第17届外长会上抛出美国在南海问题立场，她指出，美国认为争端妨碍了海上贸易的开展，阻碍其他方进入南海地区的国际性水域，也违背了国家海洋法。希拉里称，解决南海主权争议符合美国国家利益，美国支持宣称主权的各国展开合作和协商，但反对任何国家使用武力威胁。[①] 中国对此感到恼怒，认为这是美国首次公然干预南海问题，称南海是关系到中国领土完整的"核心利益"。从此南海争端成为关注焦点，中美外长"舌战"论坛成为媒体热点，这在很大程度上使南海问题更加复杂化，也让中国非常不悦，影响了中美关系。在2011年的第18届外长会议上，希拉里在演说中提及南海问题时称，"要求各国以符合国际法的形式明确对南海的主权主张"，暗示中国主张几乎对整个南海拥有管辖权缺乏法律依据，意图以国际法为武器制衡中国。还有美国官员说，对该地区提出的许多领土诉求都是夸大的，许多国家更喜欢依据历史先例而不是地貌来证明自己诉求的合理性。[②] 这种暗指中国的立场让其他争端方变得具有进攻性而无益于最后的争端解决，也导致中美在这一问题上的裂痕越来越大。在2012年的第19届外长会议上，希拉里再次"剑指中国"，声称这一地区的国家"不应通过压迫、恐吓、威胁或武力"解决争端，要求东盟"又快又好"地完成"南海行为准则"。希拉里的这一表态直接与中国的立场相对立，因为此前中国一再呼吁，东盟论坛不适合谈南海问题。路透社评论称："美国已经深深卷入南海争端。"[③]

第三节　六方会谈与中美关系

自20世纪90年代初第一次朝鲜半岛核危机发生以来，中美之间围绕

---

① Remarks at Press Availability Hillary Rodham Clinton Secretary of State National Convention Center Hanoi, Vietnam Jul. 23, 2011.

② 路透社7月23日报道，转自人民网 http://world.people.com.cn/GB/15230111.html。

③ 日本《读卖新闻》2011年7月23日文章，转自人民网 http://world.people.com.cn/GB/15230111.html。

着朝核问题展开了越来越频繁的互动。这种互动对中美关系产生了重大影响。朝核危机的发展也为冷战后中美之间在朝鲜半岛问题上的合作打开了一扇门。中国清楚，美国在朝核危机中对中国发挥建设性作用充满了期待，也乐于看到以可控的朝核危机来启动中美之间关于地区危机管理及安全合作等领域交流机制的形成。中国参与解决朝核问题的"四方会谈"，中美朝韩参加围绕缓和半岛局势和停和机制转换问题进行磋商。在2002年第二次朝鲜半岛核危机发生后，中方于2003年4月推动中美朝三方会谈，是中国向"参与者"迈出的重要一步。中美在化解危机、维护稳定、巩固和平等涉及朝鲜半岛问题的几乎所有重大事件中都发挥着不可缺少的作用。在"四方会谈"过程中，美国并不排斥中国发挥作用，甚至暗示了某些鼓励性姿态。美国也清楚，它不可能完全依靠自己的力量实现和平解决朝核问题的目标，中国的参与在很大程度上弥补了这种不足，并使半岛和平机制的建立成为可能。美国方面曾多次主动就朝鲜半岛问题与中国方面进行探讨，两国首脑会谈也屡次将半岛问题作为彼此交流的议题。而中国方面从维护东北亚地区和平与稳定的长远利益出发，也适时适度地表现出积极"参与者"的姿态，这在一定程度上满足了美国的利益需求。对中国来说，可控的朝核危机也有助于削弱美国对中国的遏制政策，并加大制约美国欲以武力解决朝核问题的意愿。鉴于中国与朝鲜半岛的北南双方及美国都保持着良好关系，使得中国愿意也能够在朝核危机中发挥出独特作用，主动打破僵局，从而为和平解决核危机创造机会。① 中国促成"三方会谈"和"三方会谈"在朝鲜半岛核问题上的表现不仅表明中国外交发生了由被动推诿到积极协调这种"革命式"的变化，而且显示了中国的危机处理能力。2005年3月，赖斯在一次关于美国亚洲政策的讲话中承认，中国在朝核问题六方会谈中发挥着重要的作用。②

总之，在几年来的朝核问题谈判中，中美之间已经培育出一种战略协调关系。这种战略协调关系虽然没有机制化，也不可能从根本上解决东北亚地区安全问题，一旦东亚发生安全危机，中美可以效仿六方会谈方式，进行协调斡旋。而在协调和斡旋的过程中，中美之间的对话机会增多，有

① 陈扬：《在利益与协调之间：朝核问题与中美关系》，载《国际观察》2005年第1期。
② 赖斯2005年3月19日在日本东京上智大学发表的关于美国亚洲政策的讲话。参见白宫网页：http://www.whitehouse.gov.

助于进一步建立两国之间的互信。

从广义上讲，上述这些多边合作机制或方式无论是正式的还是应急性的，虽然并不能从根本上解决中美之间的问题，但可以把中国和美国定期召集到一起，就相互关注的问题进行沟通协商，促使它们保持经常性的联系，为它们提供有利于安全的话题框架，避免彼此之间因缺乏有效沟通渠道而产生疏远、猜疑和冲突。奥巴马总统第一任期最初的对朝政策被称为"战略耐心"政策，现在则更像"后果管理"政策，即为朝鲜拥核不可逆转做好准备。[①] 目前，积极推动朝鲜政权更迭应该不是奥巴马政府对朝政策的核心目标，其政策似乎是等待朝鲜崩溃。然而，无论是主动地推动朝鲜政权更迭或者被动地等待朝鲜崩溃，朝鲜都不可能主动弃核，而且这种方式溢出的效应可能影响东北亚各国的安全形势，不会得到中国的支持；中国的政策是致力于推动朝鲜通过改革和开放缓解外部安全环境，进而降低寻求核能力的需求和意愿，最终实现朝鲜半岛无核化。中国这种对朝政策如果没有美国的支持，同样很难取得成功。[②]

结语：多边框架下中美互动应避免复杂化

从以上的研究分析可以看出，多边合作已成为协调亚太国际关系的一种重要方式，其合作过程中的互动也对中美关系的发展产生了一定的影响。这种影响是中美两国对多边合作的参与，以及亚太多边合作趋势化两个因素互动的结果。尽管仍然存在猜疑和冲突，但多边合作作为一种机制或模式，其目的之一是消除中美分歧，达成合作，维护该地区的稳定。

对比中美两国对东亚多边合作的认识和参与情况，我们可以看出，随着亚太地区多边合作的兴起，两国都不愿被排除在这个方兴未艾的多边合作进程之外。在参与的过程中，中国的外交观念和外交姿态发生了变化，而美国在观念和行动上虽然也随着局势的变化进行调整，但始终未超越冷战认识，坚持双边同盟是美国在亚太地区政策的支柱。

---

① "后果管理"政策包含三项内容：一是通过制裁和施压迟滞朝鲜核能力和导弹能力的发展；二是通过与韩国和日本的合作，以及美国在东北亚军事力量的调整，防范朝鲜挑衅；三是通过与其他国家合作遏阻朝鲜可能的核与导弹扩散。樊吉社：《朝核问题与中美战略共识》，载《美国研究》2014 年第 2 期，第 8 页。

② 樊吉社：《朝核问题与中美战略共识》，载《美国研究》2014 年第 2 期。

根据选取的例证分析，我们可以认为，多边合作框架对中美关系产生的影响并不一定是中美加入或靠近这些机制的诉求目的。国际机制能够通过倡导标准与规则来影响国家的行为，因此，亚太多边合作对中美关系的影响有时可以说是外部因素为达到本身的利益或为维护成员集体的利益而发挥的一种潜在的作用。这些影响同时也帮助中美实现了本身所诉求的政治经济目的。

首先，中美在亚太多边机制中的接触正迎合了美国国内"接触派"和"将中国纳入国际体系"的观点。虽然中国实力的增长让很多美国人猜疑中国正在形成与美国的对抗，但中国在东亚多边合作中的表现和其阐述的观点表明，中国并未采取意在削弱或排除美国在东亚影响力的措施和政策，而且中国在亚太地区的多边外交基本上是以一种更加开放和互利的方式处理与周边国家的关系。正是基于这些表现，"中国越来越被看成为一个好邻居、建设性伙伴和耐心的听众"①。

其次，由于中国在不对称的中美关系中处于弱势地位，不可否认，中国经常过高估计美国的敌意。在多边合作的接触中，随着美国对中国看法的改变，例如，从"战略竞争对手"到"利益相关者"，中国对美国意图的估计在发生变化。中国参与亚太多边外交的政策变化表明，中国领导人已经认识到与美国及其他亚太国家合作可以最大限度地服务于中国的利益，并给中国带来经济的利益和影响力。

最后，随着世界和地区局势的变化，中美在该地区很多问题上的利益趋同，例如东北亚安全问题、能源问题和一些非传统安全问题，如打击海盗、抗击自然灾害等。在能源问题上，虽然双方存在着竞争，但事实上，双方的需求都是不可阻止的。那么，解决问题的办法不是竞争，而是谈判协商、共同管理。多边合作就为两国成功管理亚太的共同利益提供了必需的工具。

亚太多边合作目前已经涵盖了包括政治、安全、经济在内的诸多领域，可以说为中美接触提供的平台和机遇越来越多，虽然不能从根本上解决中美之间的双边问题，但至少减少或避免了中美之间的疏远和敌意。

不过，我们也应该看到，中美在亚太多边合作机制发展过程中的互动，以及亚太区域和次区域合作的重叠性也增加了双边关系的复杂性。例

---

① David Shambaugh, "China's New Engagement with the Region", *The Asian Wall Street Journal*, Feb. 19, 2004.

如，本地区的所有安全问题，几乎都有美国的影子，要在没有美国参加的情况下解决安全问题，可能性极小。美国通过其在亚洲的盟友日本和东南亚国家，直接影响地区安全合作。一旦发生冲突有可能导致亚太地区大国间的局部战争，那么亚太安全合作的一切积极的建设性成果都将在这场冲突中被摧毁。因此，在亚太多边合作中，中国既要利用合作的平台获取自身的政治、经济和安全利益，又要使多边合作对中美关系的发展发挥更多的协调作用，避免使中美关系更加复杂化。

参考文献

外文书籍

Amitav Acharya, Evelyn Goh, *Reassessing Security Cooperation in the Asia-Pacific: Competition, Congruence, And Transformation*, Mit Press, 2007.

Amitav Acharya, *Whose Ideas Matter? Agency and Power in Asian Regionalism*, Cornell University Press, 2009.

Asian Development Bank, *Emerging Asian Regionalism: A Partnership for Shared Prosperity*, 2008.

Bertrand Fort, Douglas Webber, Douglas Webber, *Regional Integration in East Asia and Europe: Convergence Or Divergence?* Routledge, 2013.

Christopher M. Dent, *East Asian Regionalism*, Routledge, 2008.

Christopher M. Dent, Jörn Dosch, The Asia-Pacific, *Regionalism and the Global System*, Edward Elgar Publishing, 2012.

Dilip K. *Das, Asian Economy and Finance: A Post-Crisis Perspective*, Springer, 2005.

East Asia Vision Group (EAVG), *Towards an East Asian Community: Region of Peace, Prosperity and Progress*, 2001.

David M. Malone and Yuen Foong Khong eds., *Unilateralism and U. S. Foreign Policy: International Perspective*, Lynne Rienner Publishers, 2003.

David Martin Jones, M. L. R. Smith, *ASEAN and East Asian International Relations: Regional Delusion*, Edward Elgar Publishing, 2006.

Edward J. Lincoln, *East Asian Economic Regionalism*, Brookings Institution Press, 2004.

Ellen L. Frost, *Asia's New Regionalism*, NUS Press, 2008.

Evan A. Feigenbaum, and Robert A. Manning, *The United States in the New Asia*, Council on Foreign Relations, 2009.

Fu-kuo Liu and Philippe Regnier eds. , *Regionalism in East Asia: Paradigm Shifting?* Routledge Curzon, 2003.

Heribert Dieter ed. , *The Evolution of Regionalism in Asia: Economic and Security Issues*, Routledge, 2007.

J. J. Suh, Peter J. Katzenstein, Allen Carlson, *Rethinking Security in East Asia: Identity, Power, and Efficiency*, NUS Press, 2008.

John Ravenhill, *Asia Pacific Economic Cooperation: The Construction of Pacific Rim Regionalism*, Cambridge University Press, 2001.

Jorn Dosch and Manfred Mols eds. , *International Relations in the Asia-Pacific: New Patterns of Power, Interest, and Cooperation*, New York: Munster. 2000.

Joseph A. Camilleri, *Regionalism in the New Asia-Pacific Order*, Edward Elgar Publishing, 2003.

Joseph Nye ed. , *International Regionalism*, Boston: Little Brown and Co. 1968.

Joseph F. Francois, Ganeshan Wignaraja, Pradumna Bickram Bickram Rana, *Pan-Asian Integration: Linking East and South Asia*, Palgrave Macmillan, 2009.

Kenneth P. Thomas and Mary Ann Tétreault, *Racing to Regionalize: Democracy, Capitalism, and Regional Political Economy*, Westview Press, 1999.

Larry M. Wortzel, *The ASEAN Regional Forum: Asian Security Without An American Umbrella*, DIANE Publishing, 1996.

Mark Beeson, Reconfiguring East Asia: *Regional Institutions and Organizations After the Crisis*, RoutledgeCurzon, 2002.

Mark Beeson ed. , *Reconfiguring East Asia: Regional Institutions and Organizations After the Crisis*, London: Routledge Curzon Press, 2002.

Michael H. Hunt, *Ideology and U. S. Foreign Policy*, Yale University Press, 1987.

Martina Timmermann, Jitsuo Tsuchiyama, *Institutionalizing Northeast Asia: Regional Steps Towards Global Governance*, United Nations University Press, 2008.

Masahiro Kawai, Jong-Wha Lee, Peter A. Petri, Giovanni Capanelli, *Asian Regionalism in the World Economy: Engine for Dynamism and Stability*, Edward Elgar Publishing, 2010.

Melissa Curley, Nicholas Thomas, *Advancing East Asian Regionalism*, Routledge, 2012.

Michael Yahuda, *The International Politics of the Asia-Pacific*, 1945 – 1995, Rutledge Curzon, 2nd ed. , 2004.

Naoko Munakata, *Transforming East Asia: the Evolution of Regional Economic Integration*, Research Institute of Economy, Trade and Industry, 2006.

Norman Dunbar Palmer, *The New Regionalism in Asia and the Pacific*, Lexington Books, 1991.

Ralph A. Cossa, Akihiko Tanaka, *An East Asian Community and the United States*, The CSIS Press, 2007.

Richard Pomfret, Regionalism in East Asia: *Why Has it Flourished Since* 2000 *and how Far Will it Go?* World Scientific, 2011.

Robert G. Sutter, *The United States in Asia*, Rowman & Littlefield Publishers, 2008.

Robert G. Sutter, *The United States in Asia*, Rowman & Littlefield Publisher, Inc. , 2009.

Rodolfo Severino, *The ASEAN Regional Forum*, Institute of Southeast Asian Studies, 2009.

Steve Weber, *Multilateralism in NATO: Shaping the Post-war Balance of Power*, 1945 – 1961, Berkeley: University of California Press, 1991.

T. J. Pempel, *Remapping East Asia: the Construction of a Region*, Cornell University Press, 2005.

Walt Whitman Rostow, *The United States and the Regional Organization of Asia and the Pacific*: 1965 – 1985, Universtiy of Texas Press, First Edition, 1986.

William T. Tow, *Asia-Pacific Strategic Relations: Seeking Convergent Security*, Cambridge University Press, 2002.

World Bank, *The East Asia Miracle: Economic Growth and Public Policy*, Oxford University Press, Sep. 1993.

Vinod K. Aggarwal and Charles Morrison, eds. , *Asia-Pacific Crossroads: Re-*

gime Creation and the Future of APEC, New York: St. Martin's Press, 1998.

中文书籍

曹卫平：《东南亚的崛起——20 世纪东盟史》，吉林人民出版社 2001 年版。

陈峰君、王传剑：《亚太大国与朝鲜半岛》，北京大学出版社 2002 年版。

宦乡：《太平洋地区发展前景和中国现代化》，中国财政经济出版社 1985 年版。

刘绪贻、杨生茂主编：《美国通史》第六卷，人民出版社 2002 年版。

苏浩：《从哑铃到橄榄——亚太合作安全研究》，世界知识出版社 2003 年版。

王缉思、倪峰、余万里主编：《美国在东亚的作用：观点、政策及影响》，时事出版社 2010 年版。

王杰主编：《国际机制论》，新华出版社 2002 年版。

肖欢容：《地区主义：理论的历史演进》，北京广播学院出版社 2003 年版。

魏玲主编：《东亚地区合作 2010》，经济科学出版社 2011 年版。

喻常森等编著：《当代亚太国际关系与地区合作》，中山大学出版社 2008 年版。

张敏谦：《美国对外经济战略》，世界知识出版社 2001 年版。

张蕴岭主编：《世界区域化的发展与模式》，世界知识出版社 2004 年版。

郑樑生编著：《史学入门》，北京大学出版社 2008 年版。

中华人民共和国外交部：《中国外交》，世界知识出版社 2005 年版。

贝娅特·科勒—科赫、托马斯·康策尔曼、米歇勒·科诺特：《欧洲一体化与欧盟治理》，周弘主编，中国社会科学出版社 2004 年版。

菲迪南·滕尼斯：《共同体与社会》，林容远译，商务印书馆 1999 年版。

汉斯·摩根索：《国家间政治》，徐昕等译，中国人民公安大学出版社 1990 年版。

杰里·本特利（Jerry Bentley）、赫伯特·齐格勒（Herbert Ziegle）：《新全球史》（上、下），魏凤莲、张颖、白玉广译，北京大学出版社 2007 年版。

鲁道夫·C. 塞韦里诺：《东南亚共同体建设探源——来自东盟前任秘书长的洞见》，王玉主等译，社会科学文献出版社 2012 年版。

詹姆斯·多尔蒂等:《争论中的国际关系理论》(James E. Dougherty, Robert L. Pfaltzgraff, Jr., *Contending Theories of International Relations: A Comprehensive Survey*, Prentice Hall PTR, 2008), 阎学通等译, 世界知识出版社 2003 年版。

兹比格纽·布热津斯基:《大棋局: 美国的首要地位及其地缘战略》, 上海人民出版社 1998 年版。

英文文章

Amitav Acharya, "Multilateralism: Is There An Asia-Pacific Way?" *NBR Analysis*, Vol. 8, No. 2, 1997.

Amitav Achaya, "Southeast Asian Security After September 11", Asia Pacific Foundation of Canada, Nov. 2003.

Amitav Acharya and See Seng Tan, "Betwist Balance and Community: America, ASEAN and the Security of Southeast Asia", *International Relations of the Asia-Pacific*, Vol. 6, No. 1, 2006.

Banning Garrett and Banning Glaser, "Multilateral Security in the Asia-Pacific Region and Its Impact on Chinese Interests: Views from Beijing", *Contemporary Southeast Asia*, Jun. 1994.

Bernard K. Gordon, "Trading Up in Asia", *Foreign Affairs*, Jul. /Aug. 2012.

Bjorn Hettne and Fredrik Soderbaum, "Theorising the Rise of Regionness", *New Political Economy*, Vol. 5, No. 3, Nov. 2000.

C. Fred Bergsten, "Embedding Pacific Asia in the Asia Pacific: The Global Impact of An East Asian Community", Speech at the Japan National Press Club, Tokyo, Sep. 2, 2005.

Christopher Hemmer and Peter J. Katzenstein, "Why is There No NATO in Asia? Collective Identity, Regionalism, and the Origin of Multilateralism", *International Organization*, 56, 3, Summer 2002.

Condoleezza Rice, "Robust Engagement with Asia", *The Wall Street Journal*, Oct. 24, 2003.

Dana R. Dillon, John J. Tkacik, Jr., "China and ASEAN: Endangered American Primacy in Southeast Asia", *Backgrounder*, #1886, Oct. 19, 2005.

Daniel Twining, "America's Grand Design in Asia", *The Washington Quarterly*, Vol. 30, No. 3, 2007.

David E. Sanger, "Bush's New Focus Requires A Shift in His China Policy", *New York Times* Oct. 18, 2001.

David Shambaugh, "China's New Engagement with the Region", *The Asian Wall Street Journal*, Feb. 19, 2004.

Dennis J. Ortblad, "The US and Japan in APEC: Arena for Leadership in Asia and the Pacific", Analysis from the East-West Center, No. 28, Aug. 1996.

Dick K. Nanto, "East Asian Regional Architecture: New Economic and Security Arrangements and U. S. Policy", *CRS Report for Congress*, Order Code RL33653, Jan. 4, 2008.

Donald Crone, "Does Hegemony Matter? The Reorganization of the Pacific Political Economy", *World Politics*, Jul. 1993.

Dong-Man Suh, "Current Status and Future Tasks of Multilateral Security Cooperation in Northeast Asia", *Korea Journal*, Vol. 41, No. 2, Summer 2001.

Evelyn Goh, "The ASEAN Regional Forum in United States East Asian Strategy", *The Pacific Review*, Vol. 17, No. 1, Mar. 2004.

Edward Gresser, "The Emerging Asian Union? China Trade, Asian Investment, and A New Competitive Challenge", *Policy Report*, Progressive Policy Institute.

Francis Fukuyama, "Re-Envisioning Asia", *Foreign Affairs*, Jan. /Feb., 2005.

Frank C. Darling, "United States Policy in Southeast Asia: Permanency and Change", *Asian Survey*, Vol. 14, No. 7, Jul. 1974.

Gaye Christoffersen, "The Role of East Asia in Sino-American Relations", *Asian Survey*, Vol. 42, No. 2, 2002.

Geoff Dyer, "Clinton Eyes South Pacific Influence", *The Financial Times*, Aug. 30, 2012.

Henry Kissinger, "Where Do We Go from Here?" *Washington Post*, No. 6, 2001.

Iwasaki Hiraku and Akihiro Okada, "US Stance on TPP Criticized", *Yomiuri Shimbun*, Aug. 25, 2013.

Gerald L. Curtis, "East Asia, Regionalism, and U. S. National Interests: How

Much Change?" Discussion Paper Series, APEC Study Center, Columbia Business School, May 2004.

Jack Pritchard, "Beyond Six Party Talks: An Opportunity to Establish A Framework for Multilateral Cooperation in the North Pacific", Hokkaido Conference for North Pacific Issues, Oct. 7, 2004.

James A. Baker III, "America in Asia: Emerging Architecture for A Pacific Community", *Foreign Affairs*, Winter 1991/92.

James A. Kelly, "An Overview of U. S. – East Asia Policy", Testimony before the House International Relations Committee, Jun. 2, 2004.

John Aglionby, "Bush Offers Deal to End North Korea Crisis", *Guardian Weekly*, Oct. 23 – 29, 2003.

Joshua Kurlantzick, "Pax Asia-Pacifica? East Asian Integration and Its Implications for the United States", *The Washington Quarterly*, Summer 2007.

Johnny Chi-Chen Chiang, "Conceptualizing the APEC Way: International Cooperation in a Non-institurionalized Regime", *Issues & Studies*, Vol. 36, No. 16, 2000.

Joseph S. Nye, "The Case for Deep Engagement", *Foreign Affairs*, Vol. 74, No. 4, Jul. / Aug. 1995.

Joseph S. Nye, "Shaping the New Pacific Triangle", *Blueprint Magazine*, Jan. 1, 2000.

Jusuf Wanandi, "ASEAN's China Strategy: Towards Deeper Engagement", *Survival*, Vol. 38, Issue 3, 1996.

Mark Beeson, "Does Hegemony still Matter? Revisiting Regime Formation in the Asia-Pacific", paper for the conference "Globalisation and Economic Security in East Asia: Governance and Institutions", held on Sep. 11 – 12, 2003, Singapore.

Marthew Augustine, "Multilateral Approaches to Regional Security: Prospects for the Cooperation in North Korea", *The Korean Journal of Defense Analysis*, Autumn 2001.

Ok-Nim Chung, "Solving the Security Puzzle in Northeast Asia: A Multilateral Security Regime", CNAPS Working Paper, Sep. 1, 2000.

Paul M. Evans, "Reinventing East Asia", *Harvard International Review*,

Vol. 18, Issue 2, Spring 1996.

Ralph A. Cossa, "The East Asia Summit: Should Washington Be Concerned?" *PacNet*, Num. 54B, Pacific Forum CSIS.

Richard Feinberg, "Comparing Regional Integration in Non-Identical Twins: APEC and the FTAA", *Integration & Trade*, No. 10, Vol. 4, Jan. - Apr. 2000.

Robert Marquand, "Dual goal for APEC Summit: Countering Terror and Boosting the Economy Are Focus of Bush's First Foreign Trip Since Sept. 11", *Christian Science Monitor*, Oct. 19, 2001.

Sheldon W. Simon, "East Asian Security", *Asian Survey*, Vol. XXXIV, No. 12, Dec. 1994.

Sheldon W. Simon, "Alternative Visions of Security in the Asia Pacific", *Pacific Affairs*, Vol. 69, No. 3, Autumn 1996.

Stephen Wright, "ASEAN Signs Free Trade Pact With Australia, NZ", The Associated Press, Feb. 27, 2009.

Ted Galen Carpenter, "With Friends Like These ... Where Were our Asian Allies During the China Standoff?" *The Washington Post*, Apr. 18, 2001.

Wang Hongying, "Multilateralism in Chinese Foreign Policy: The Limits of Socialization", *Asian Survey*, Vol. 4, No. 3, May-Jun 2000.

中文文章

曹云华:《建立面向 21 世纪的睦邻互信伙伴关系——评中国加入〈东南亚友好合作条约〉》,载《东南亚研究》2003 年第 6 期。

陈凌岚、沈红芳:《东亚货币金融合作的深化:从"清迈倡议"到"清迈倡议多边化"》,载《东南亚纵横》2011 年第 5 期。

陈小功:《世界正处在重要的过渡时期》,载《世界知识》1998 年第 2 期。

陈扬:《在利益与协调之间:朝核问题与中美关系》,载《国际观察》2005 年第 1 期。

陈舟:《新中国三代领导人的亚太安全战略思想》,载《军事历史》2000 年第 3 期。

樊吉社:《朝核问题与中美战略共识》,载《美国研究》2014 年第 2 期。

海超：《二十世纪五、六十年代美国在亚太地区的多边主义实践：从东南亚条约组织到亚洲开发银行》，载《理论月刊》2009 年第 8 期。

金亨真：《西方国际关系理论中新现实主义和新自由主义的国际合作论》，载《国际论坛》2004 年第 5 期。

李力：《东亚经济圈》，载《世界经济》1991 年第 5 期。

梁于藩、陈佩尧：《亚太安全：在经济合作基础上建立信任——在联合国亚太地区裁军与安全上海研讨会上的发言》，载《国际展望》1992 年第 17 期。

林利民：《美国与东亚一体化的关系析论》，载《现代国际关系》2007 年第 11 期。

刘晨阳、宫占奎：《中国参与双边 FTAs 进程及其与 APEC 的政策协调》，载《亚太经济》2007 年第 2 期。

刘学成：《东亚共同体构想与美国的东亚战略》，载《亚非纵横》2009 年第 3 期。

庞中英：《中国在国际体系中的地位与作用》，载《现代国际关系》2006 年第 4 期。

秦亚青：《多边主义研究：理论与方法》，载《世界经济与政治》2001 年第 10 期。

秦亚青：《东亚共同体建设进程和美国的作用》，载《外交评论》2005 年第 6 期。

任晓：《六方会谈与东北亚多边安全机制的可能性》，载《国际问题研究》2005 年第 1 期。

任晓：《论东亚峰会及与美国的关系》，载《国际问题研究》2007 年第 4 期。

沈铭辉：《东亚合作中的美国因素——以"泛太平洋伙伴关系协定"为例》，载《太平洋学报》2010 年第 6 期。

盛斌、李荣林：《APEC 经济技术合作：从框架宣言到具体行动》，载《亚太经济》1998 年第 2 期。

石源华：《"六方会谈"机制化：东北亚安全合作的努力方向》，载《国际观察》2005 年第 2 期。

宋宝贤：《世界加速向多极化转变》，载《世界知识》1991 年第 24 期。

宋伟：《试论美国对亚太区域合作的战略目标和政策限度》，载《当代亚太》2010 年第 5 期。

宋玉华:《评美国政府的亚太新战略——"新太平洋共同体"的战略构想》,载《世界经济》1994 年第 2 期。

苏长和:《周边制度与周边主义——东亚区域治理中的中国途径》,载《世界经济与政治》2006 年第 1 期。

苏浩:《东亚开放地区主义的演进与中国的作用》,载《世界经济与政治》2006 年第 9 期。

田纪云:《为亚太地区更加繁荣发展而共同努力》,载《国际贸易》1990 年第 1 期。

王缉思:《冷战时期美国对东亚政策思想的演变》,载《世界历史》1988 年第 2 期。

王缉思:《中国的国际定位问题与"韬光养晦、有所作为"的战略思想》,载《国际问题研究》2011 年第 2 期。

王乔保:《十年来的中国军事外交——回顾与展望》,《国际展望》(沪)2013 年第 2 期。

王勇:《东亚共同体:地区与国家的观点》,载《外交评论》2005 年第 4 期。

王志乐:《中国参加亚太区域合作的目标选择》,载《亚太经济》1992 年第 5 期。

吴心伯:《美国与东亚一体化》,载《国际问题研究》2007 年第 5 期。

信强:《东亚一体化与美国的战略应对》,载《世界经济与政治》2009 年第 3 期。

杨洁勉:《亚太经济中的政治因素——中国和亚太经济合作机制当议(一)》,载《国际展望》1989 年第 4 期。

杨洁勉:《从建议到实践——中国和亚太经济合作机制当议(二)》,载《国际展望》1989 年第 5 期。

喻常森:《东盟在亚太多边安全合作进程中的角色分析》,载《外交评论》总第 97 期。

张北:《日本"东亚经济圈构想"初析》,载《日本问题》1989 年 3 月 2 日。

张铁军:《中国与东亚共同体建构》,载《东北亚论坛》2006 年第 2 期。

张小明:《美国是东亚区域合作的推动者还是阻碍者》,载《世界经济与政治》2010年第1期。

周建明：《正确认识一超多强的国际格局》，载《社会科学》1998年第
　　2期。

朱锋：《六方会谈的制度建设与东北亚多边安全机制》，载《现代国际关
　　系》2007年第3期。

朱立群：《美国学界对中国亚洲政策的认知》，载《外交学院学报》2005
　　年第4期。

朱彤：《我国加入WTO后在APEC总体战略的调整》，载《亚太经济》
　　2003年第1期。

菲利普·桑德斯：《东亚合作背景下的中美关系：协调利益分歧》，载《外
　　交评论》2005年第6期。

江忆恩：《中国参与国际体制的若干思考》，王鸣鸣译，载《世界经济与政
　　治》1999年第7期。

迈尔斯·卡勒：《从比较的角度看亚太的区域主义》，王正毅译，载《世界
　　经济与政治》1997年第6期。

网址：

东盟网址：http：//www. aseansec. org/5120. htm。

亚太经合组织的网站：http：//www. apec. org/。

韩国外交部网站英文网页：http：//www. mofa. go. kr/ENG/countries/asiapa-
　　cific/index. jsp？menu＝m_ 30_ 10_ 10。

联合国新闻中心网页：

http：//www. un. org/apps/news/region. asp？Region＝Asia＋Pacific。

联合国政治事务部网页：

http：//www. un. org/wcm/content/site/undpa/main/activities_ by_ region/a-
　　sia。

美国国务院网页：http：//www. state. gov/p/eap/ci/index. htm。

日本外务省网站英文网页：http：//www. mofa. go. jp/region/index. html#a-
　　sia。

世界银行网站：http：//web. worldbank. org。

中国财政部网站：http：//www. mof. gov. cn。

中国外交部网站：http：//www. fmprc. gov. cn。

其他

胡锦涛：《中国的发展　亚洲的机遇——在博鳌亚洲论坛 2004 年年会开幕式上的演讲》。

温家宝在第八次东盟与中日韩领导人会议上的讲话，2004 年 11 月 29 日，万象。

习近平在亚太经合组织第二十一次领导人非正式会议上的讲话。

世界知识出版社编：《国际条约集：1953—1955》，世界知识出版社 1960 年版。

1996 年 4 月《中俄关于世界多极化和建立国际新秩序的联合声明》文件。

《1998 年中国的国防》白皮书。

Hillary Rodham Clinton, "Remarks on Regional Architecture in Asia: Principles and Priorities", Honolulu, Hawaii, Jan. 12, 2010.

Remarks at Press Availability Hillary Rodham Clinton Secretary of State National Convention Center Hanoi, Vietnam Jul. 23, 2011.

Keynote Address by YAB Dato Seri Abdullah HJ Ahmad Badawi, Prime Minister of Malaysia, "Towards an Integrated East Asia Community", at the Second East Asia Forum, Kuala Lumpur, Dec. 6, 2004.

President Clinton, "Building A New Pacific Community", Address to students and faculty at Waseda University, Tokyo, Japan, Jul. 7, 1993.

President Obama Addresses the Australian Parliament, Nov. 17, 2011.

Remarks by Prime Minister Junichiro Koizumi at "The Future of Asia" Conference Dinner, Hosted by the Nihon Keizai Shimbun, May 25, 2005.

ASEAN-ISIS, *A Time for Initiative*, Proposals for the Consideration of the Fourth ASEAN Summit, Kuala Lumpur, ASEAN Institute of Strategic and International Studies, 1991.

Association of Southeast Asian Nations, Ministerial Declaration on the AFTA-CER Closer Economic Partnership, Sep. 14, 2002.

Chairman's Statement: The First Meeting of the ASEAN Regional Forum, Jul. 25, 1994, Bangkok.

Framework Agreement on Comprehensive Economic Cooperation Between the As-
　sociation of Southeast Asian Nations and the Republic of India, Oct. 8, 2003.

Framework for Strengthening Economic Cooperation and Development, 1996
　APEC Ministerial Meeting, Manila, Philippines, 22 – 23 Nov. 1996.

Joint Statement – 1st, ASEAN – US. Leaders' Meeting, Singapore, Nov. 15,
　2009.

Leaders' Statement on 2010 Bogor Goals Assessment, Yokohama, Japan, Nov. 14
　2010.

Treaty of Amity and Cooperation in Southeast Asia Indonesia, Feb. 24, 1976

U. S. Department of Defense, Office of International Security Affairs, United
　States Security Strategy for the East Asia-Pacific Region, Feb. 1995.

U. S. – ASEAN Joint Declaration on Combating Terrorism, Aug. 1, 2002.

Warren Christopher, "The Strategic Priorities of American Foreign Policy",
　Statement before the Senate Foreign Relations Committee, Washington D. C.

ASEAN Regional Forum, *ASEAN Regional Forum Annual Security Outlook* 2001,
　Presented at the Eighth ARF meeting, Hanoi, Vietnam, Jul. 2001.

致　谢

　　本书是笔者承担的中国社会科学院重点课题的研究成果。在此，对于中国社会科学院给予的课题资助和出版资助，以及科研局等相关机构的大力支持表示感谢！在论证和写作的过程中，我得到了美国所领导及同事在思路和资料方面的帮助和启示，在此一并谢忱！

　　2011年11月至2012年11月，美国智库卡内基国际和平基金会为我提供了访问学习的机会。他们给予的便利的工作条件、丰富的研究资料支持和宽松的研究气氛让我终生难忘。在此，我对他们表示由衷的谢意！

　　在近20年的工作中，我得到了美国所各位领导、同事的热心帮助。他们给了我很多知识支持和心理支持，并与我分享了很多快乐。他们有的给了我生活的巨大帮助和专业发展上的精心指导，改变了我的人生；他们有的与我分享工作的心得、机会，鼓励我树立对研究的信心；他们有的提出颇有价值的建议、善意的批评，促使我继续努力。不得不说，在美国所，我体验到充满快乐与善良的友谊、宽容与坚持的精神。

　　感谢引领我走向研究之路的南开大学的各位导师和师门同窗。他们严谨的治学态度、深厚的学识，以及宽阔的胸怀使当年一个无知不羁的女孩渐渐爱上读书，学会收敛。我知道，这不是用感谢二字能够表达的，其意永在心中。

　　多年来，无论是在工作上，还是生活上，家给了我欢乐，给了我力量。一个幸福的大家庭是工作顺利的开始。我的先生和儿子健康阳光，从不挑剔，让我感到轻松快乐。从小时候，我就得到爷爷奶奶、姑姑和爸爸妈妈的诸多鼓励，他们的关爱让我轻松前行，从来没有过惶恐，因为我知道他们在我背后。我的各位兄弟姐妹（包括表弟表妹）之间不仅相互友爱，更是相互支持，相互分享。我相信这对每一个人的工作和生活都有帮助。后辈们在成长，他们充满阳光和活力，我没有感到长江后浪推前浪的压力，而是充满莫大的成就感。

最后，要特别感谢的是人生中的几位挚友。虽然跟研究无关，但是我觉得人生少了他们便没有了色彩。他们是我的同学、同事、邻居。他们经常给予我力量。

2014 年 4 月于杏林湾